《刘诗白选集》编辑委员会

《刘诗白选集》专家组

劉詩白

刘诗白——著

选集

第十三卷

书法作品

四川人民出版社

图书在版编目（CIP）数据

书法作品 / 刘诗白著. — 成都：四川人民出版社，2018.12

（刘诗白选集；第十三卷）

ISBN 978-7-220-10866-2

Ⅰ. ①书…　Ⅱ. ①刘…　Ⅲ. ①汉字—法书—作品集—中国—现代　Ⅳ. ①J292.28

中国版本图书馆CIP数据核字（2018）第184859号

SHUFA ZUOPIN

书法作品

刘诗白　著

特约编辑	江　风
责任编辑	吴焕姣　蒋科兰
封面设计	陆红强
版式设计	戴雨虹
责任校对	申婷婷　王　璐
责任印制	王　俊
出版发行	四川人民出版社（成都槐树街 2 号）
网　　址	http://www.scpph.com
E-mail	scrmcbs@sina.com
新浪微博	@四川人民出版社
微信公众号	四川人民出版社
发行部业务电话	（028）86259624　86259453
防盗版举报电话	（028）86259624
照　　排	四川胜翔数码印务设计有限公司
印　　刷	成都东江印务有限公司
成品尺寸	170mm × 240mm
印　　张	9
字　　数	47 千
版　　次	2018 年 12 月第 1 版
印　　次	2018 年 12 月第 1 次印刷
书　　号	ISBN 978-7-220-10866-2
全套定价	3000.00 元（全 13 卷）

作者照（2007年摄）

八岁时的作者（1933年摄于上海）

作者姐弟在上海沁园村22号寓所（1933年摄于上海）

作者的母亲李久芸，工诗词，曾出版词作《玉露集》（1936年摄于上海）

作者在武汉大学经济系毕业留影（摄于1946年）

作者在四川大学经济系任助教（1947年摄于成都奎星楼街10号故居）

作者家人合影，前排左为母亲李久芸，前排右为父亲刘明杨（1947年摄于成都）

作者一家（摄于1957年）

作者与母亲、二孃的合影（1962年摄于成都多子巷8号寓所）

作者指导第一届经济学博士研究生，右为李健勇、丁任重（摄于1985年）

作者在美国玛里塔学院作学术报告（摄于1988年）

作者在哈佛大学作学术报告（摄于1988年）

作者在美国芝加哥西北大学经济系作学术访问（摄于1988年）

作者与诺贝尔经济学奖提名者［美］杜森贝里教授在一起（1988年摄于波士顿）

作者会见诺贝尔经济学奖获得者［美］米尔顿·弗里德曼教授及夫人（摄于1993年）

德国柏林高等经济学院库尔克教授在欣赏作者书法作品（1997年摄于柏林）

作者与研究生进行讨论（摄于1997年）

作者会见诺贝尔经济学奖获得者［美］福格尔教授（摄于1999年）

作者、赵东亚、尹康茹、尹文昭、王世位书画展开幕式（摄于2000年）

作者与马识途互赠书法作品
（摄于2000年）

汪道涵在观看《刘诗白书法集》
（2002年12月4日摄于上海）

作者与国防经济学博士生在一起（2005年摄于南京陆军指挥学院）

作者在书房“书法亦思维”（摄于2005年）

作者在书法展开幕式上讲话（摄于2007年11月）

作者在书房习字

《刘诗白文集》（八卷本）（1999年摄）

作者的一部分经济学著作（2005年摄）

劉詩白書法集
啓功敬題
劉詩白書法集
馬識途題
四川省诗书画院编印
二〇〇七年十月一日
劉詩白書法集
啓功敬題
文物出版社

作者书法集

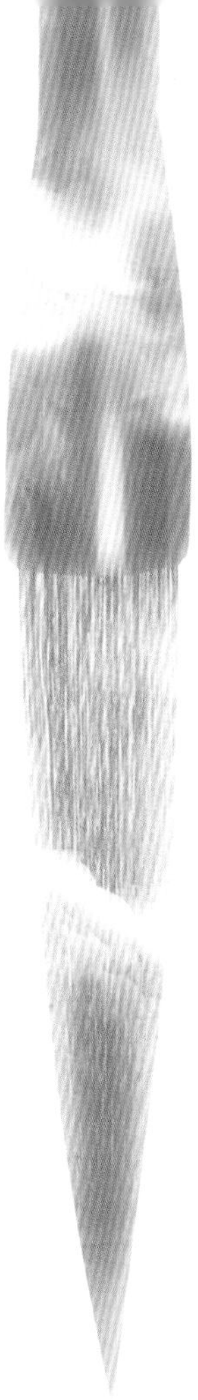

刘诗白选集（书法作品）

目录

2002年以前

作品

刘诗白选集（书法作品）

杏花春雨江南

韩翃《宿石邑山中》

浮云不共此山齐，
山霭苍苍望转迷。
晓月暂飞高树里，
秋河隔在数峰西。

王昌龄《芙蓉楼送辛渐》

寒雨连江夜入吴，
平明送客楚山孤。
洛阳亲友如相问，
一片冰心在玉壶。

■ 刘长卿《听弹琴》

泠泠七弦上，静听松风寒。
古调虽自爱，今人多不弹。

龍騰
庚辰
劉詩白

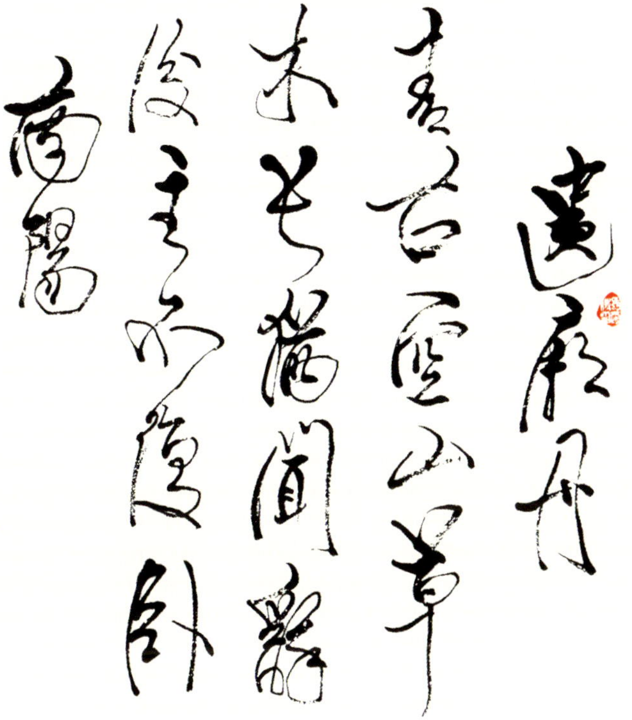

杜甫《武侯庙》

遗庙丹青古，（“古”现通用“落”）
空山草木长。
犹闻辞后主，
不复卧南阳。

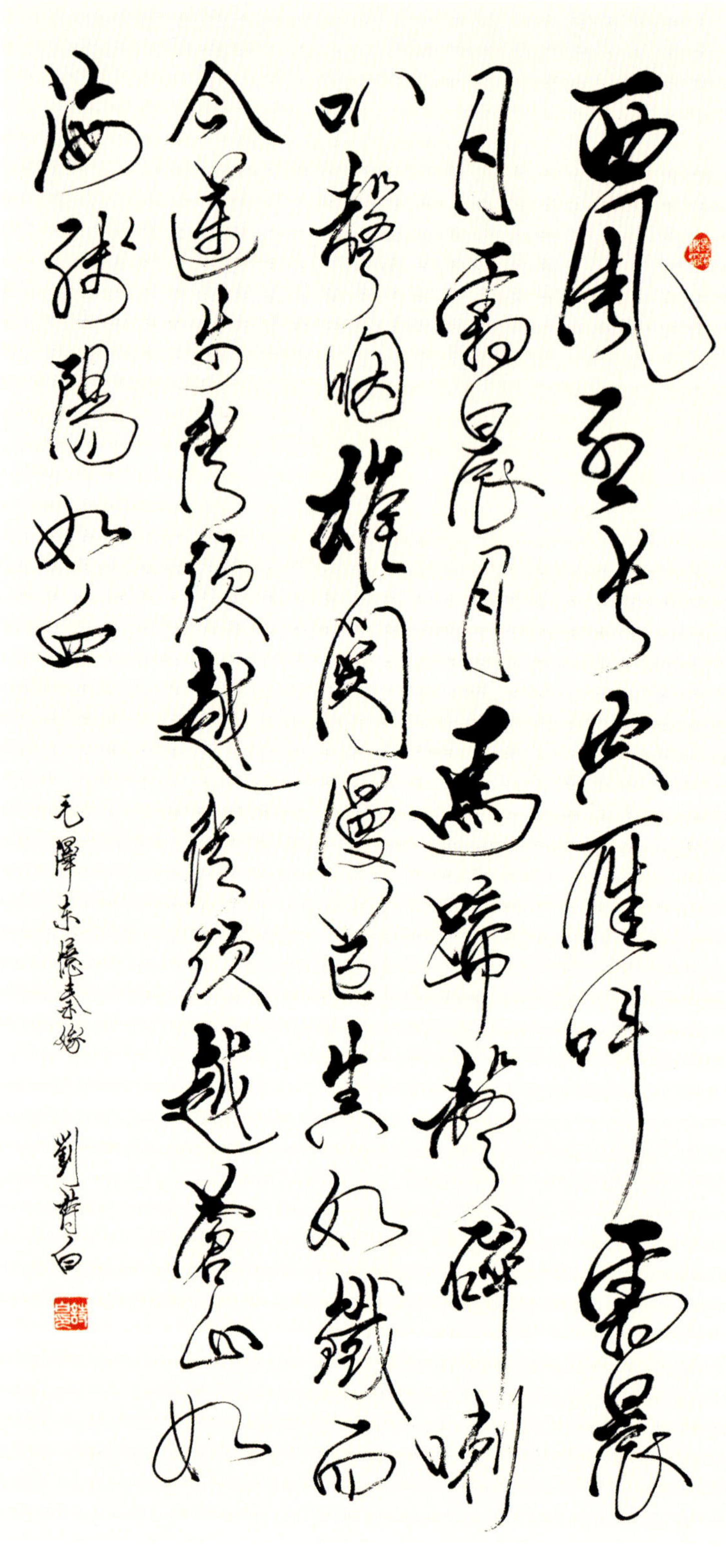

■ 毛泽东

《忆秦娥·娄山关》

西风烈，
长空雁叫霜晨月。
霜晨月，
马蹄声碎，
喇叭声咽。
雄关漫道真如铁，
而今迈步从头越。
从头越，
苍山如海，
残阳如血。

壬午夏
劉詩白

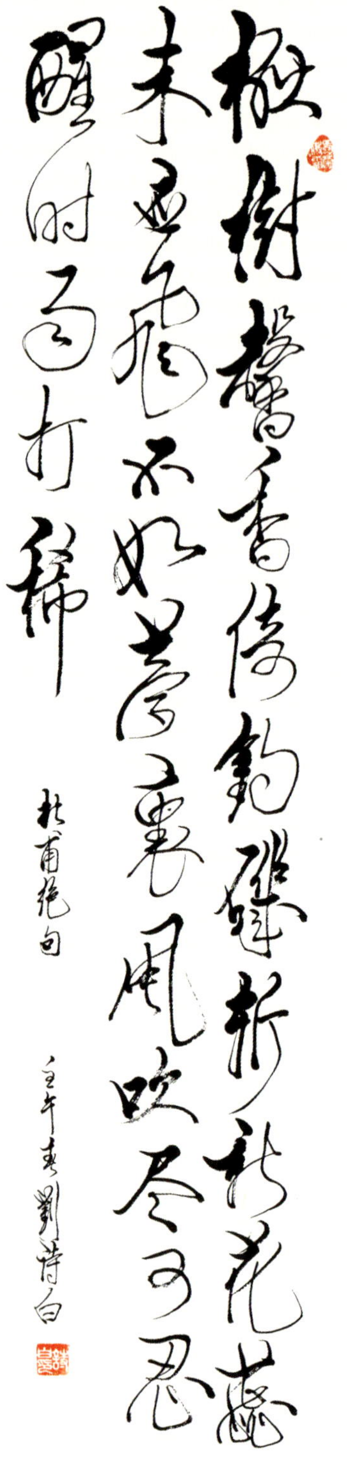

杜甫《绝句》

椒树馨香倚钓矶，
斩新花蕊未应飞。
不如醉里风吹尽，
可忍醒时雨打稀。

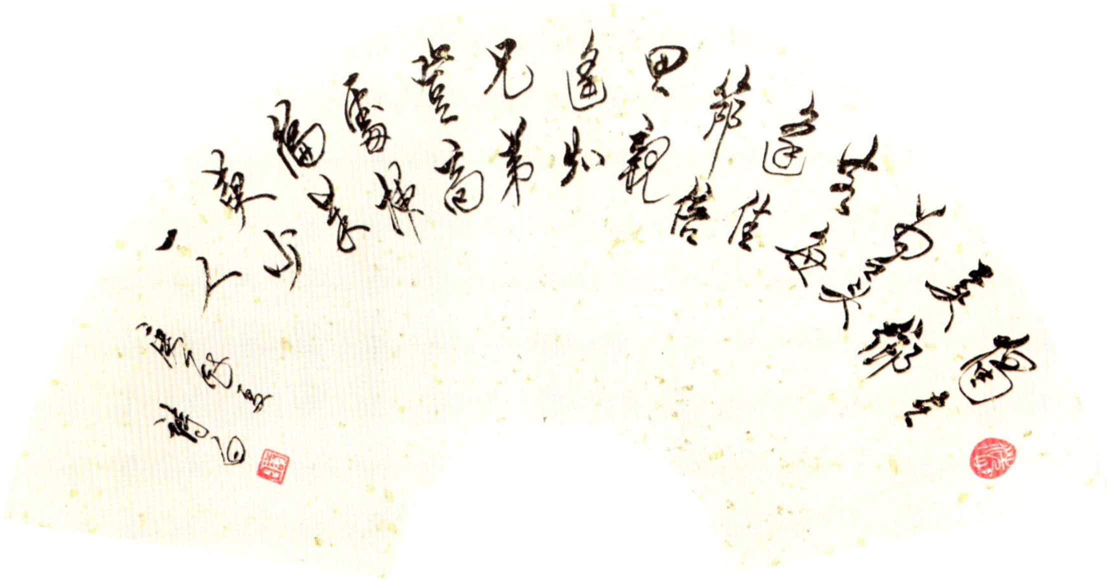

王维《九月九日忆山东兄弟》
独在异乡为异客，每逢佳节倍思亲。
遥知兄弟登高处，遍插茱萸少一人。

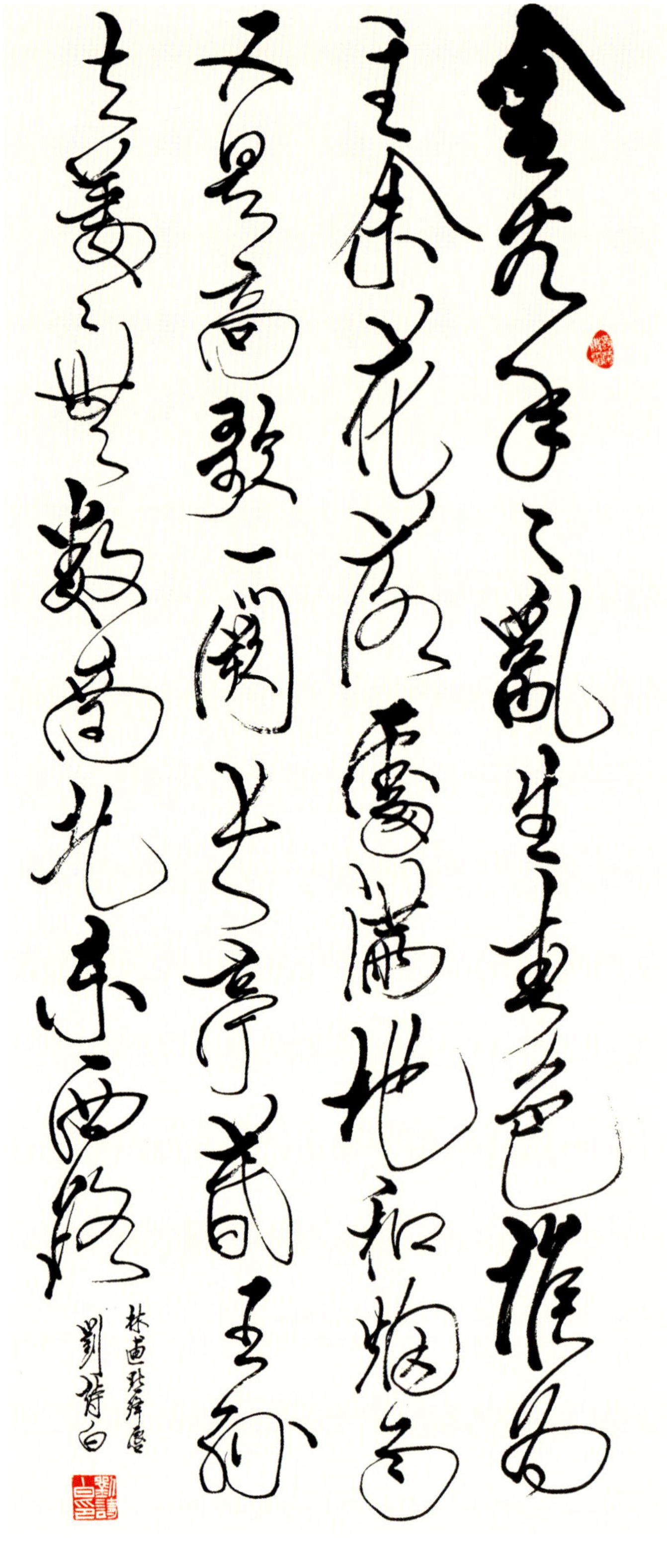

林逋《点绛唇·金谷年年》

金谷年年，
乱生春色谁为主？
余花落处，
满地和烟雨。
又是离歌，
一阕长亭暮。
王孙去，
萋萋无数，
南北东西路。

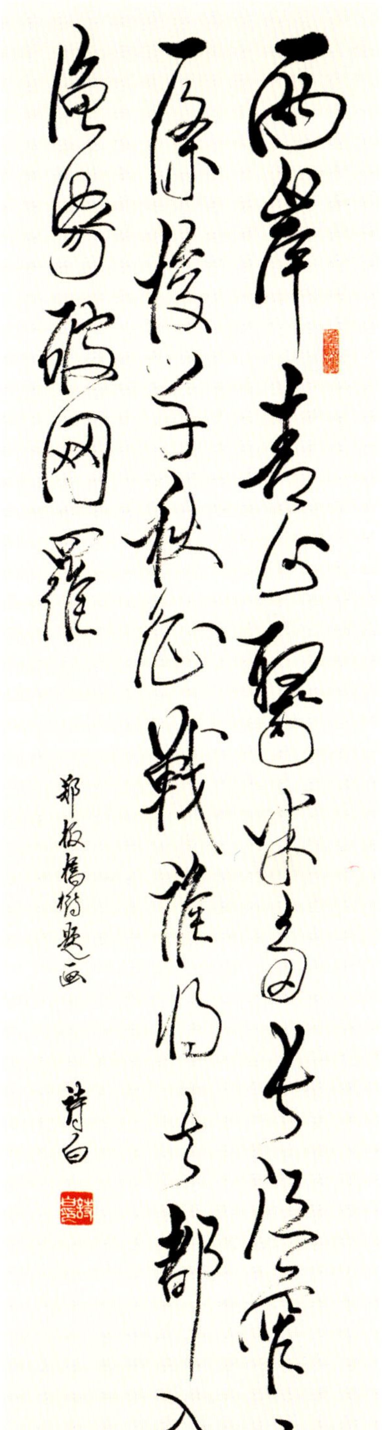

郑板桥《题画》

两岸青山聚米多，
长江窄窄一条梭。
千秋征战谁将去，
都入渔家破网罗。

郑板桥《折枝兰》

多画春风不值钱，
一枝青玉半枝妍。
山中旭日林中鸟，
衔出相思二月天。

柳中庸《征人怨》

岁岁金河复玉关，
朝朝马策与刀环。
三春白雪归青冢，
万里黄河绕黑山。

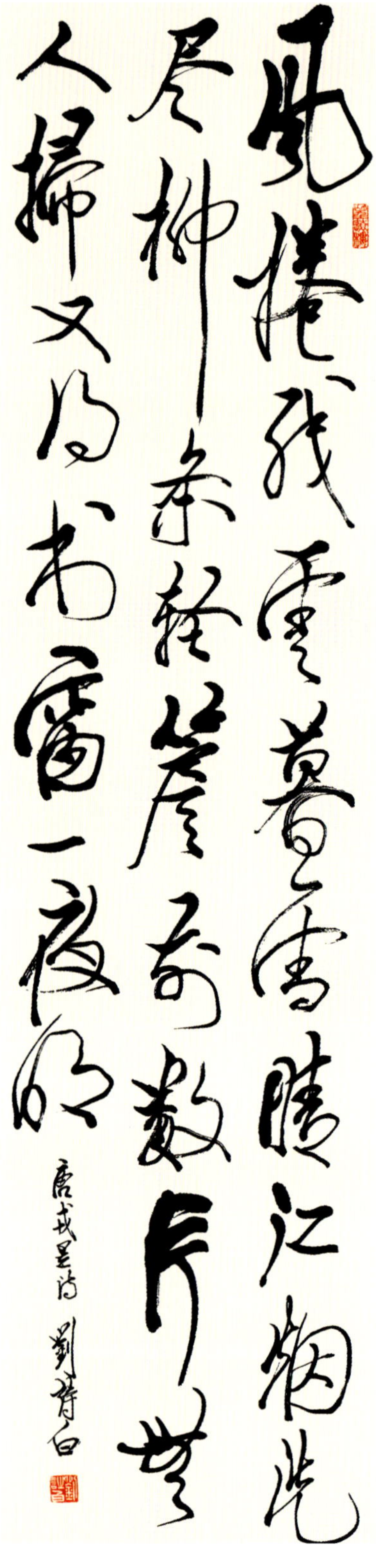

■ 唐戎昱《韩舍人书窗残雪》

风卷残云暮雪晴，
江烟洗尽柳条轻。
檐前数片无人扫，
又得书窗一夜明。

■ 硕庆 对联

万树梅花一潭水，
四时烟雨半山云。

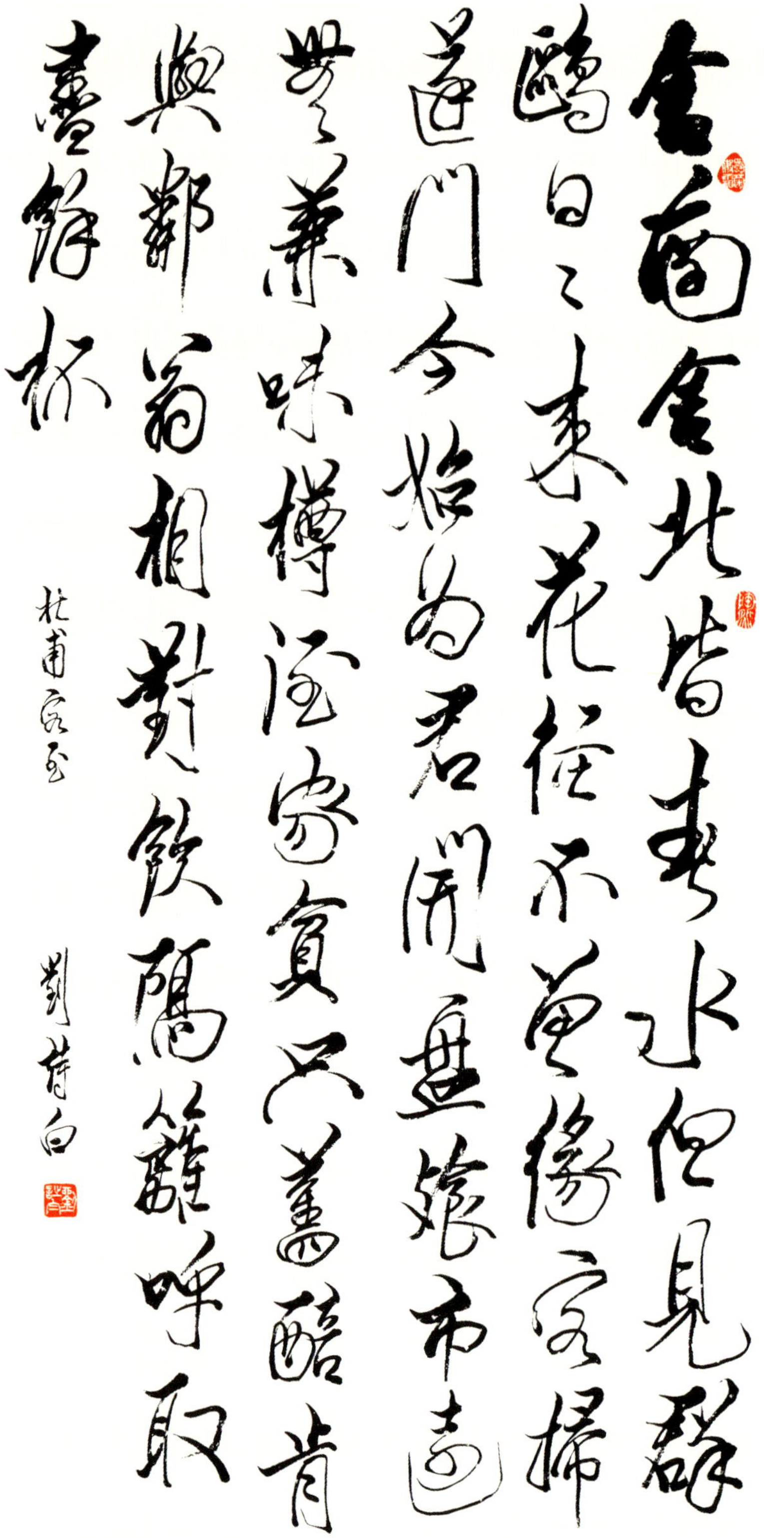

■ 杜甫《客至》

舍南舍北皆春水，
但见群鸥日日来。
花径不曾缘客扫，
蓬门今始为君开。
盘飧市远无兼味，
樽酒家贫只旧醅。
肯与邻翁相对饮，
隔篱呼取尽馀杯。
（“馀”通“余”）

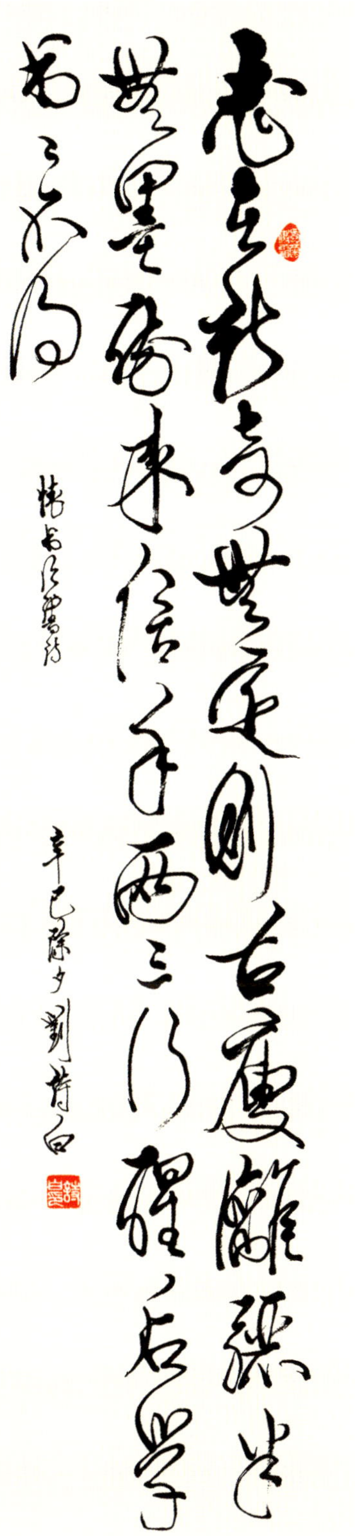

许瑶《题怀素上人草书》

志在新奇无定则，
古瘦漓缅半无墨。
醉来信手两三行，
醒后学书书不得。

■ 李白《越中览古》

越王勾践破吴归，
战士还家尽锦衣。
宫女如花满春殿，
只今惟有鹧鸪飞。

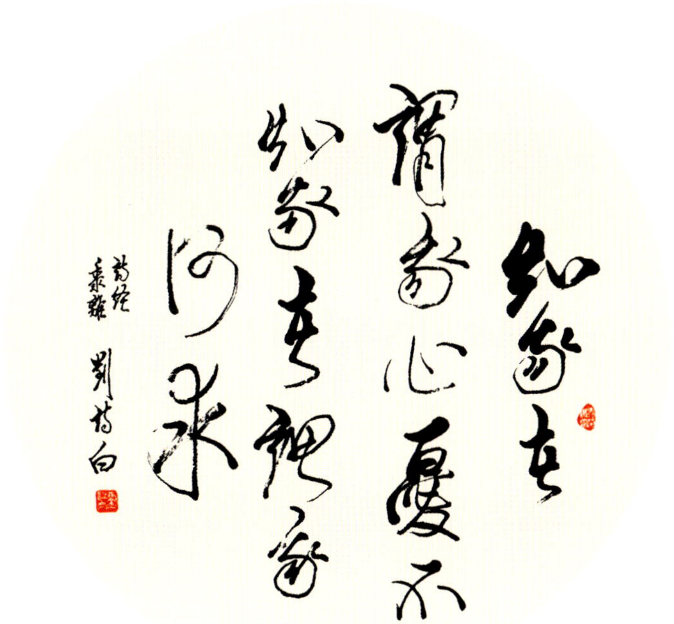

■ 诗经《黍离》

知我者谓我心忧，

不知我者谓我何求。

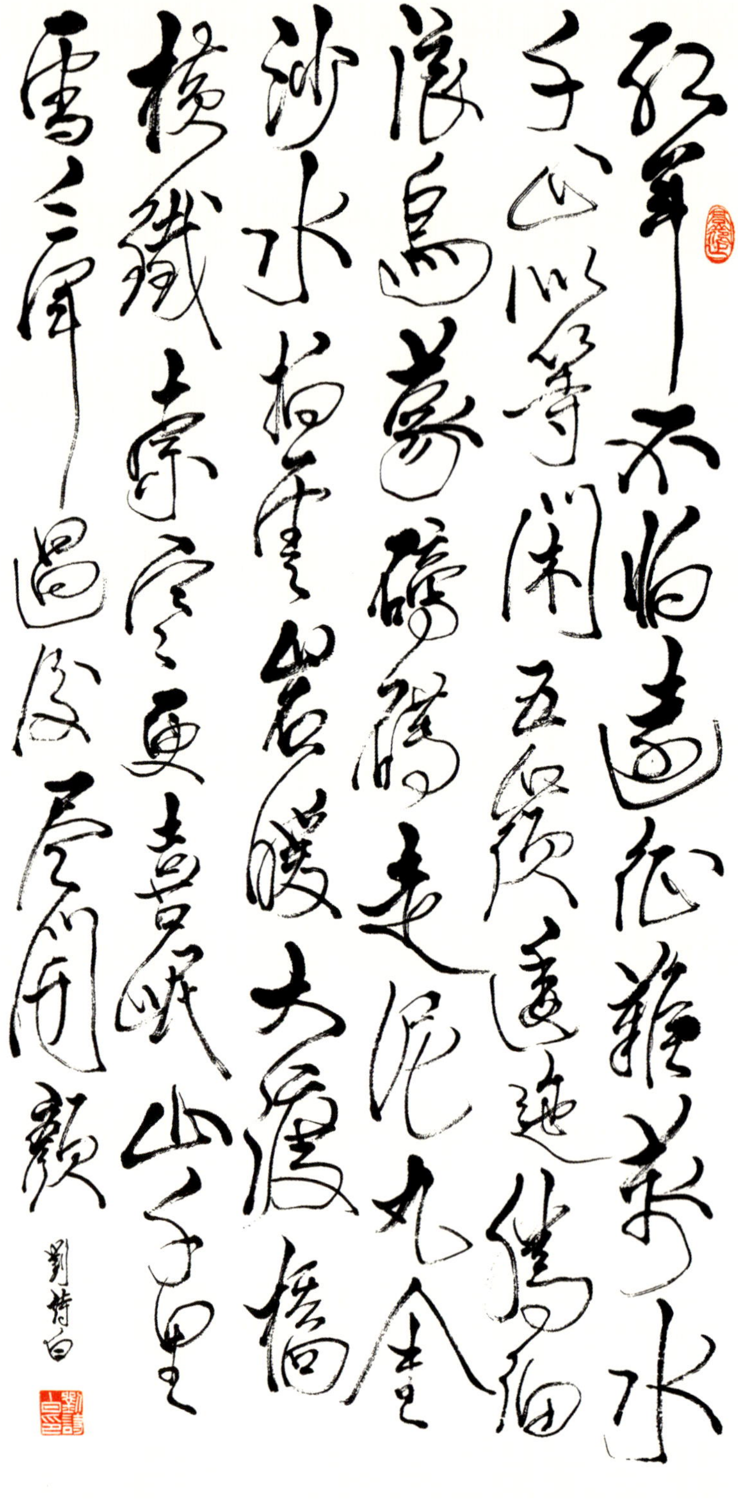

毛泽东《七律·长征》

红军不怕远征难，
万水千山只等闲。
五岭逶迤腾细浪，
乌蒙磅礴走泥丸。
金沙水拍云崖暖，
大渡桥横铁索寒。
更喜岷山千里雪，
三军过后尽开颜。

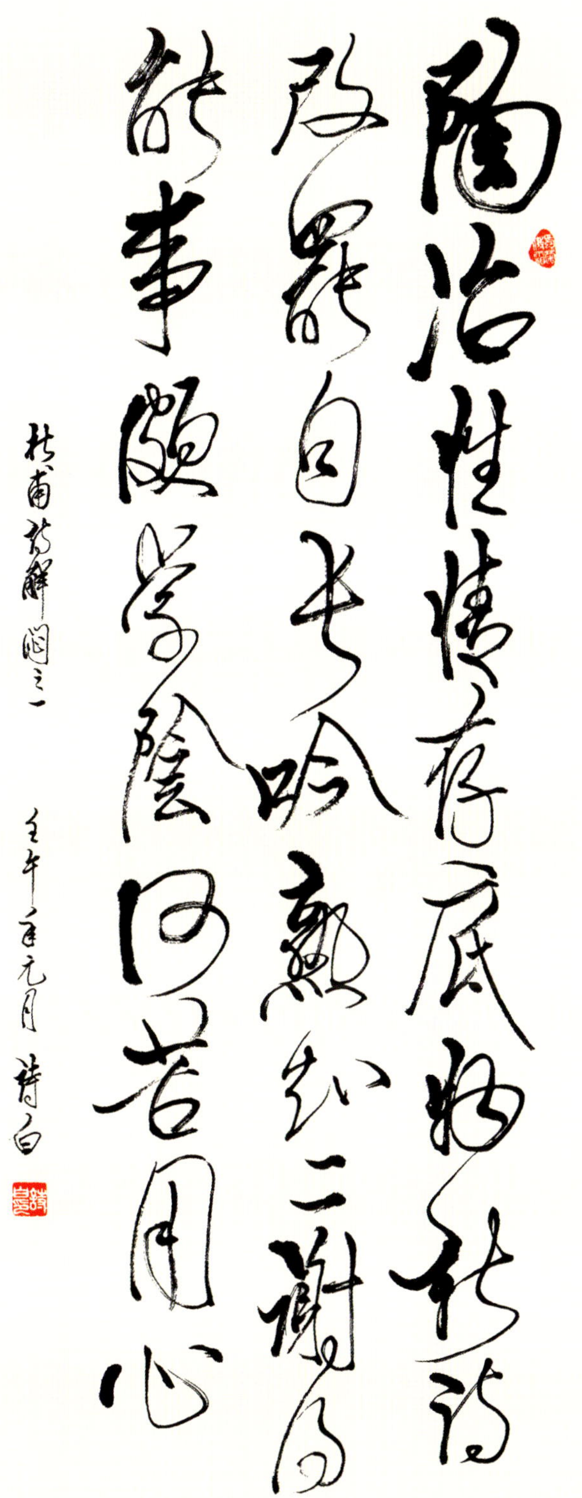

■ 杜甫《解闷》（其七）

陶冶性灵存底物？
新诗改罢自长吟。
孰知二谢将能事，
颇学阴何苦用心。

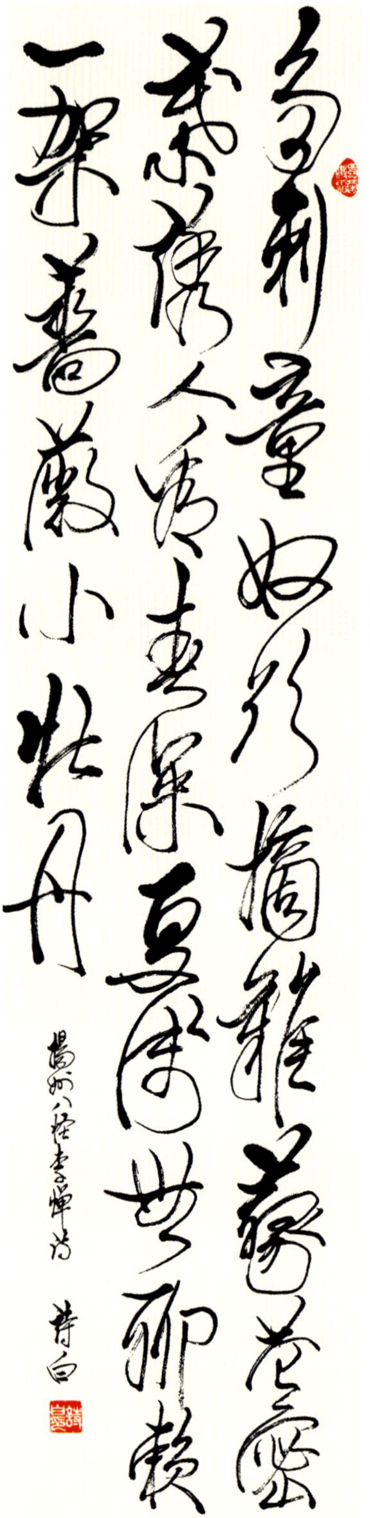

李惮《蔷薇图》

多刺童奴欲摘难，
聚花密叶诱人看。
春深夏浅无聊赖，
一架蔷薇小牡丹。

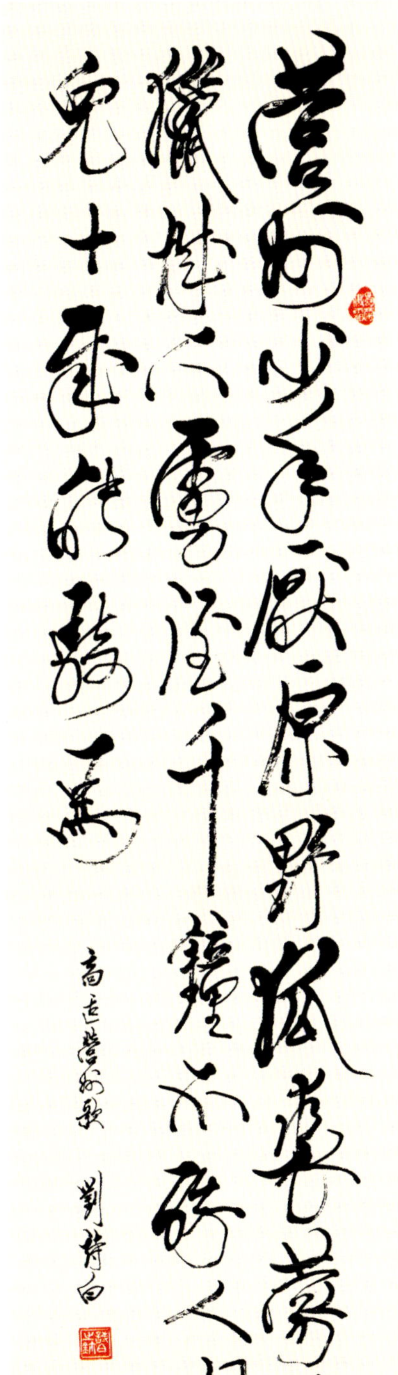

■ 高适《营州歌》

营州少年厌原野，
狐裘蒙茸猎城下。
虏酒千钟不醉人，
胡儿十岁能骑马。

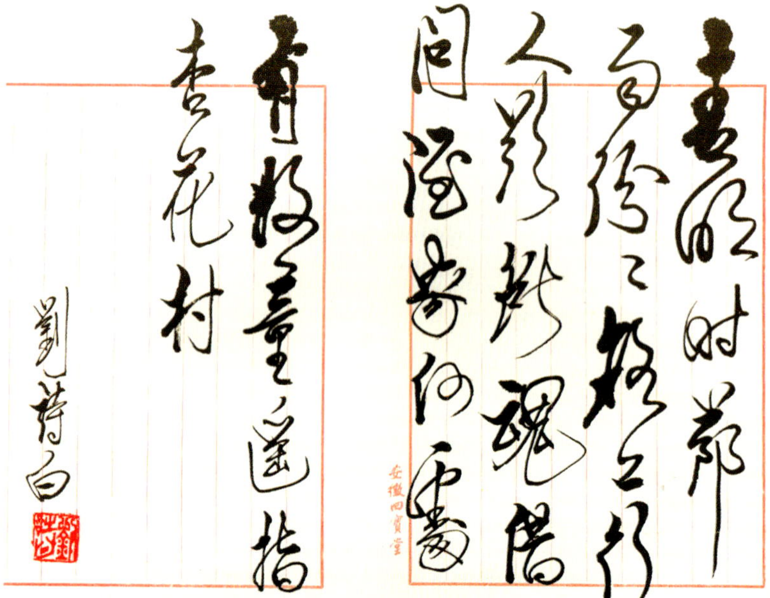

杜牧《清明》

清明时节雨纷纷，
路上行人欲断魂。
借问酒家何处有，
牧童遥指杏花村。

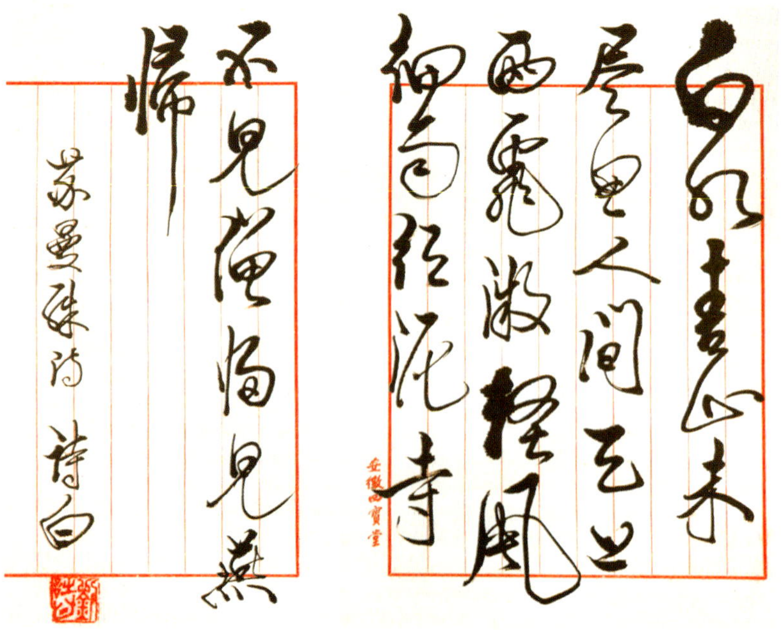

苏曼殊《吴门依易生韵》（其十）

白水青山未尽思，
人间天上两霏微。
轻风细雨红泥寺，
不见僧归见燕归。

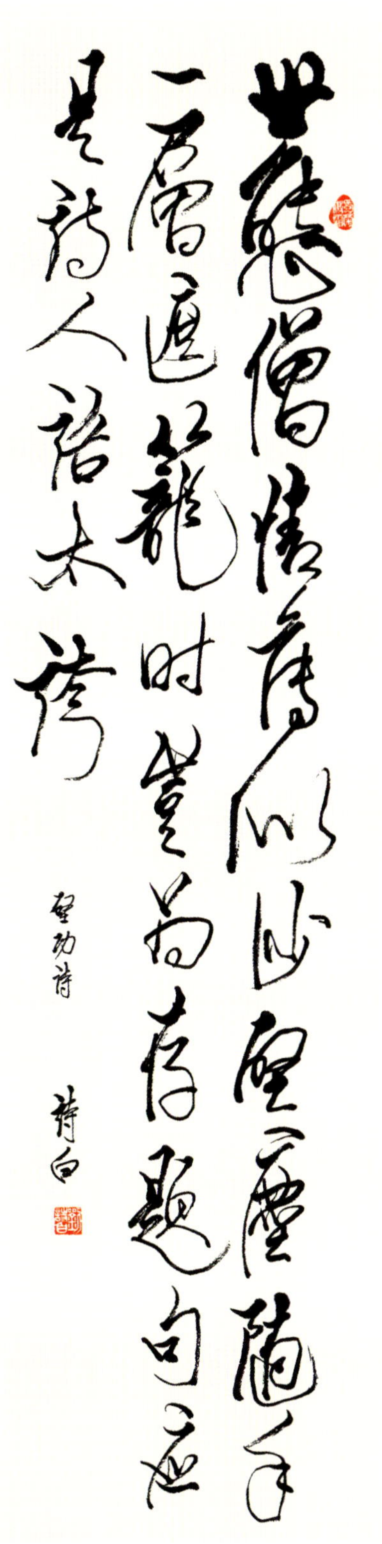

启功 诗一首

世态僧情薄似纱，
壁尘随手一层遮。
笼时岂为存题句，
应是诗人语太夸。

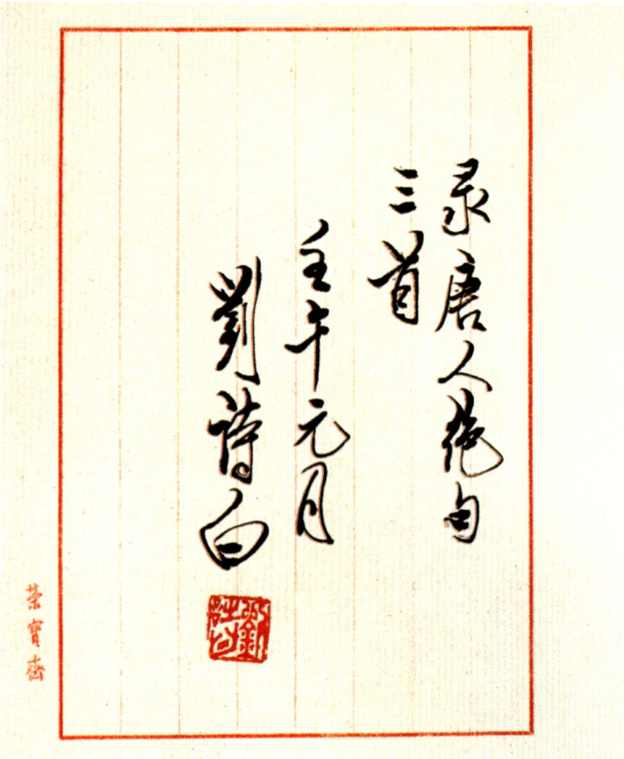
录唐人绝句三首
壬午元月
刘诗白
荣宝斋

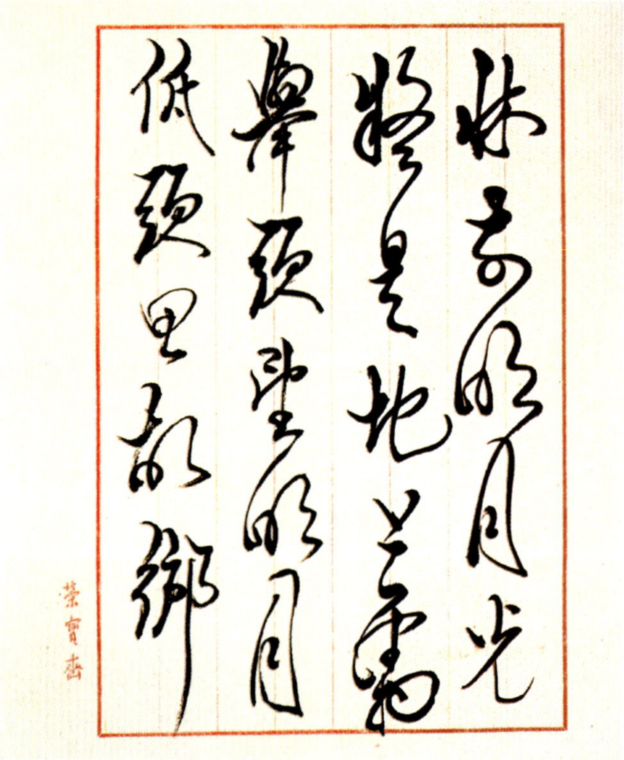
床前明月光
疑是地上霜
举头望明月
低头思故乡
荣宝斋

■ 李白《静夜思》

床前明月光，疑是地上霜。
举头望明月，低头思故乡。

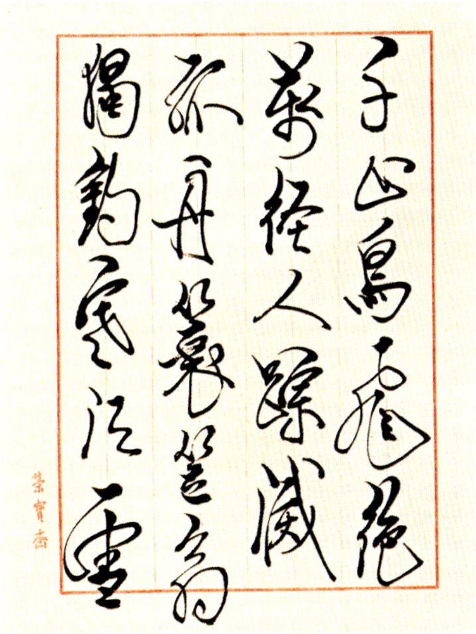

柳宗元《江雪》

千山鸟飞绝，万径人踪灭。
孤舟蓑笠翁，独钓寒江雪。

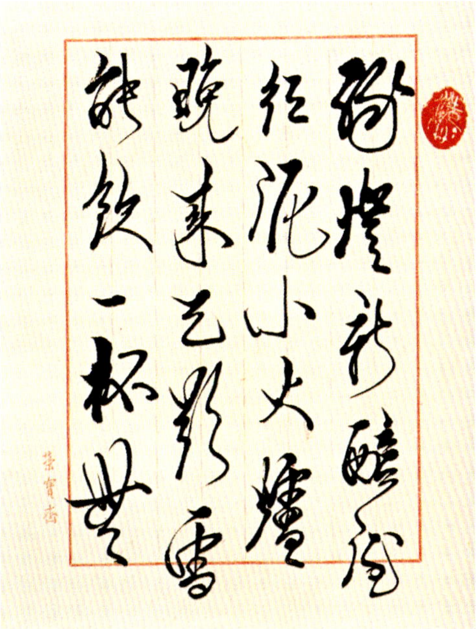

白居易《问刘十九》

绿蚁新醅酒，红泥小火炉。
晚来天欲雪，能饮一杯无。

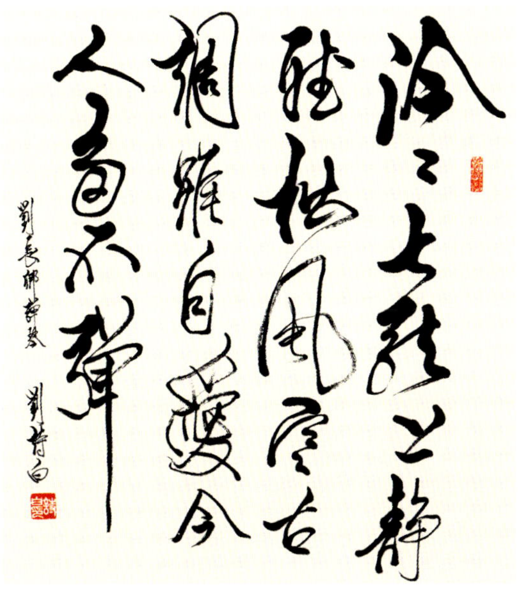

刘长卿《听弹琴》

泠泠七弦上，静听松风寒。
古调虽自爱，今人多不弹。

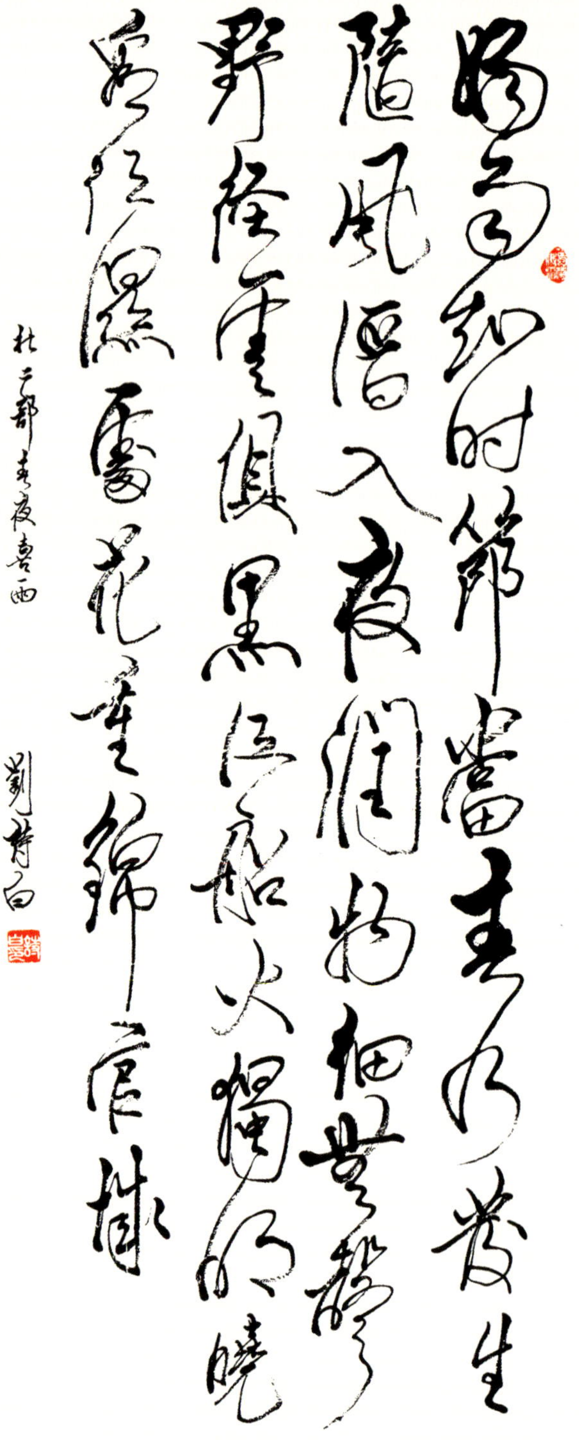

杜甫《春夜喜雨》

好雨知时节，
当春乃发生。
随风潜入夜，
润物细无声。
野径云俱黑，
江船火独明。
晓看红湿处，
花重锦官城。

李白《望庐山瀑布》

日照香炉生紫烟，
遥看瀑布挂前川。
飞流直下三千尺，
疑是银河落九天。

■ 鲁迅 诗句

于无声处听惊雷

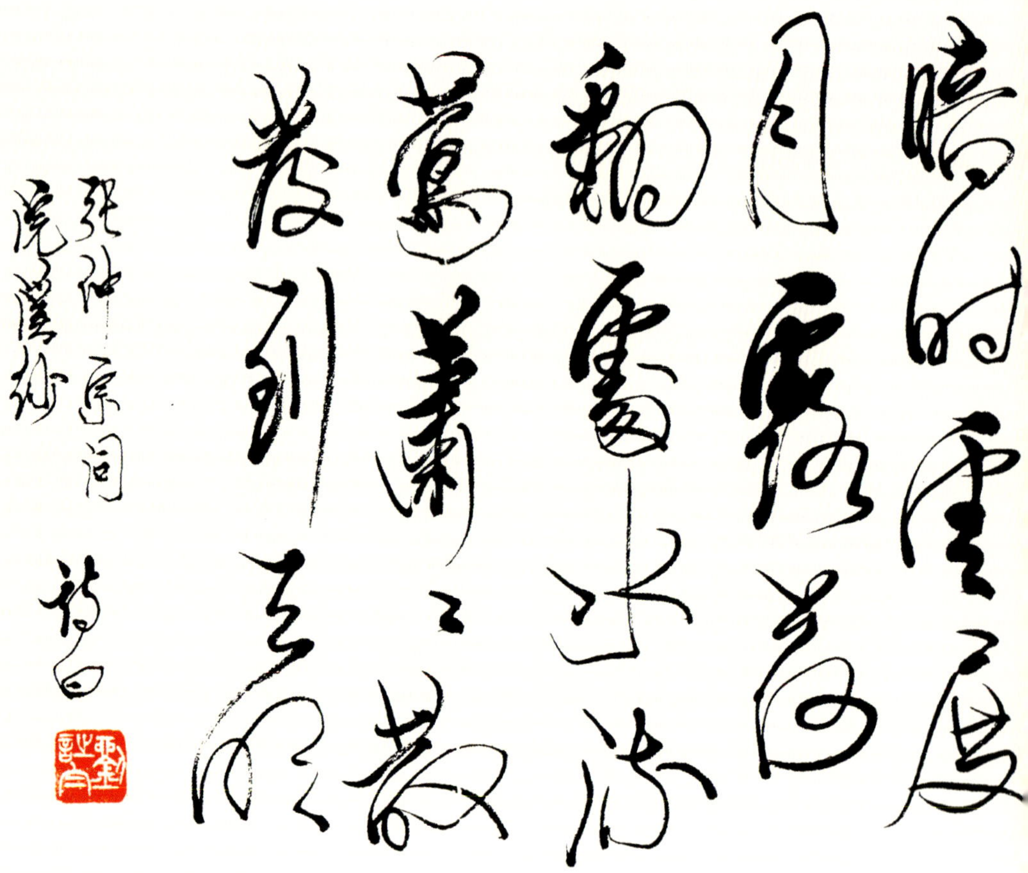

■ 张仲宗《浣溪沙》

山绕平湖波撼城，湖光倒影浸山青。
水晶帘下欲三更，雾柳暗时云度月。
露荷翻处水流萤，萧萧散发到天明。

山倚平
湖波撼楼
湖光倒影
漫天青水
最萧六行
三更风柳

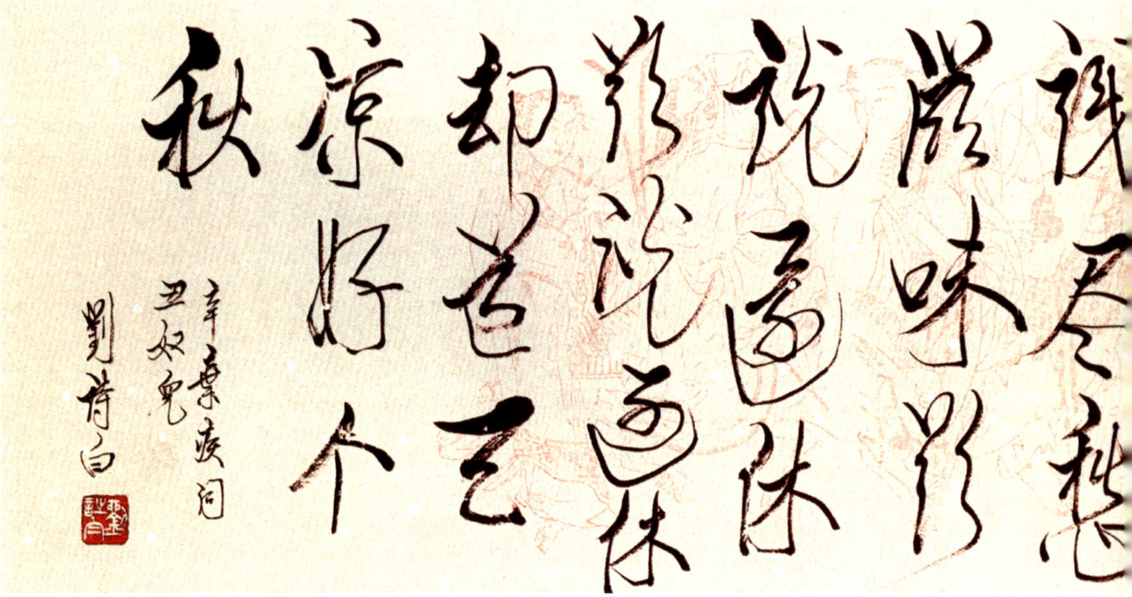

■ 辛弃疾《丑奴儿》

少年不识愁滋味，爱上层楼。爱上层楼，为赋新词强说愁。

而今识尽愁滋味，欲说还休。欲说还休，却道天凉好个秋。

少年不識愁滋味愛上層樓愛上層樓為賦新詞強說愁而今

■ 毛泽东《十六字令》

山　倒海翻江卷巨澜　奔腾急　万马战犹酣

山倒
海翻
江卷
巨澜
奔

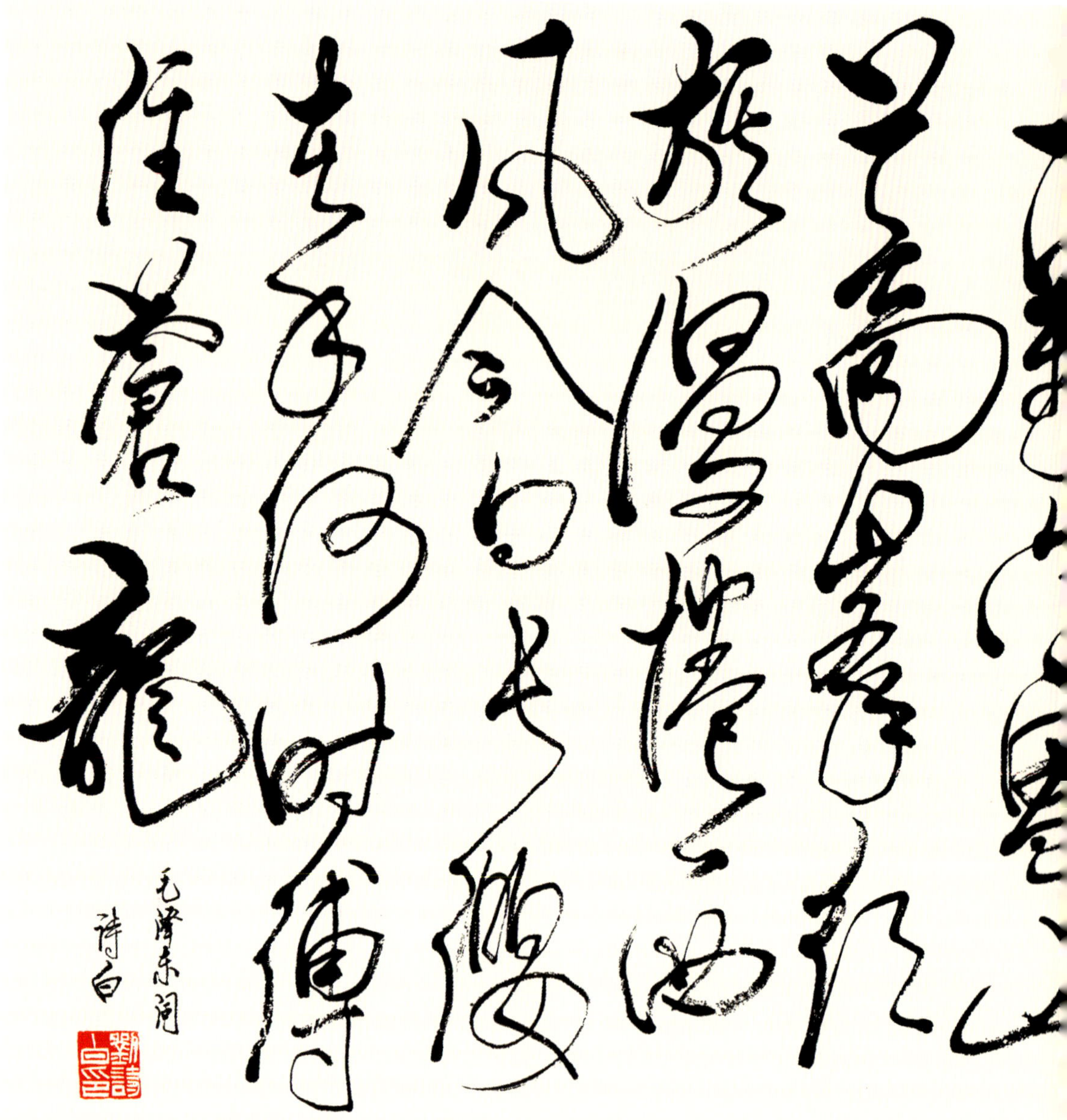

■ 毛泽东《清平乐·六盘山》

天高云淡，望断南飞雁。不到长城非好汉，屈指行程二万。

六盘山上高峰，红旗漫卷西风。今日长缨在手，何时缚住苍龙？

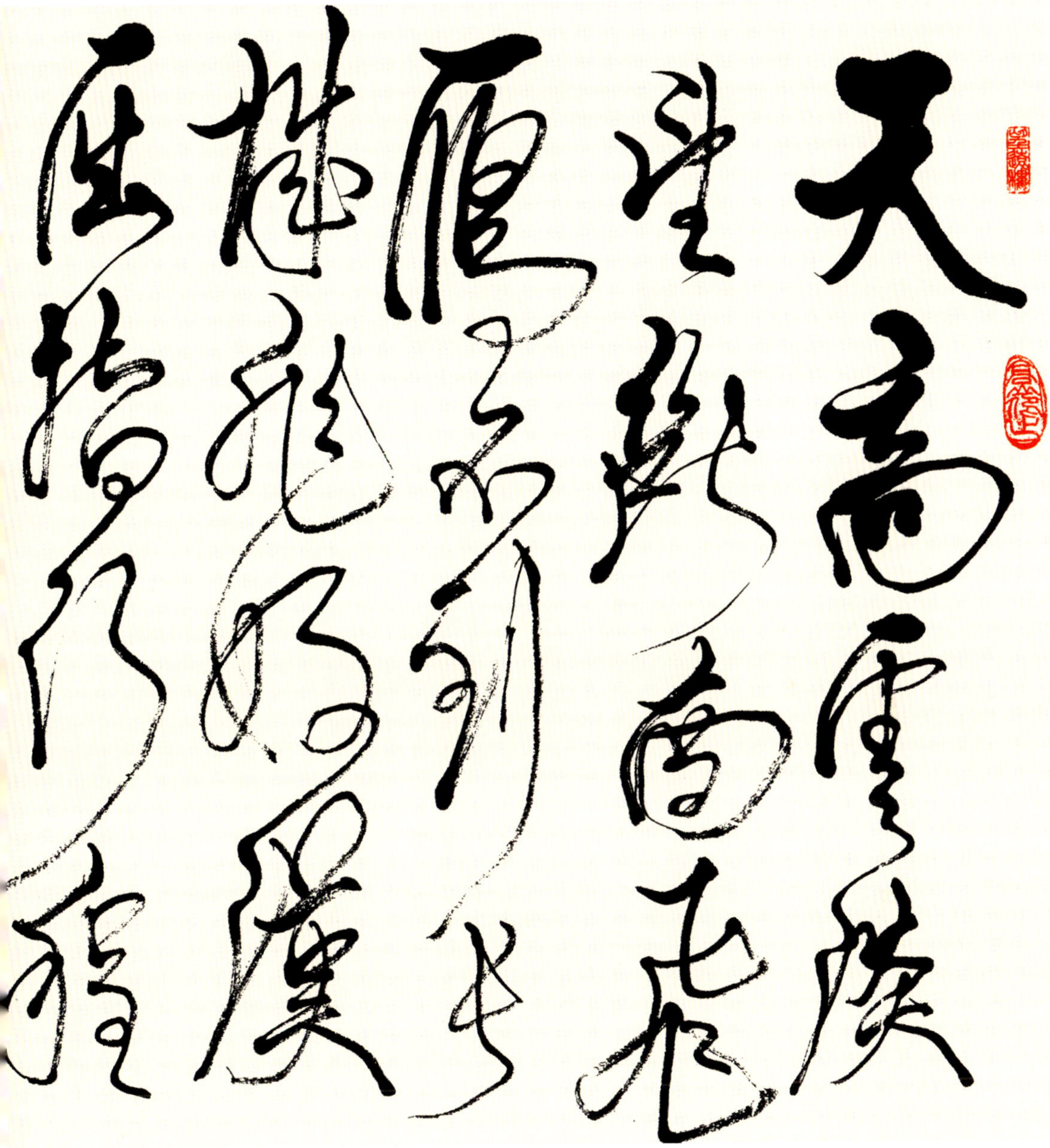
天高云淡望断南飞雁不到长城非好汉屈指行程

■ 毛泽东《菩萨蛮·黄鹤楼》

茫茫九派流中国，沉沉一线穿南北。烟雨莽苍苍，龟蛇锁大江。
黄鹤知何去？剩有游人处。把酒酹滔滔，心潮逐浪高！

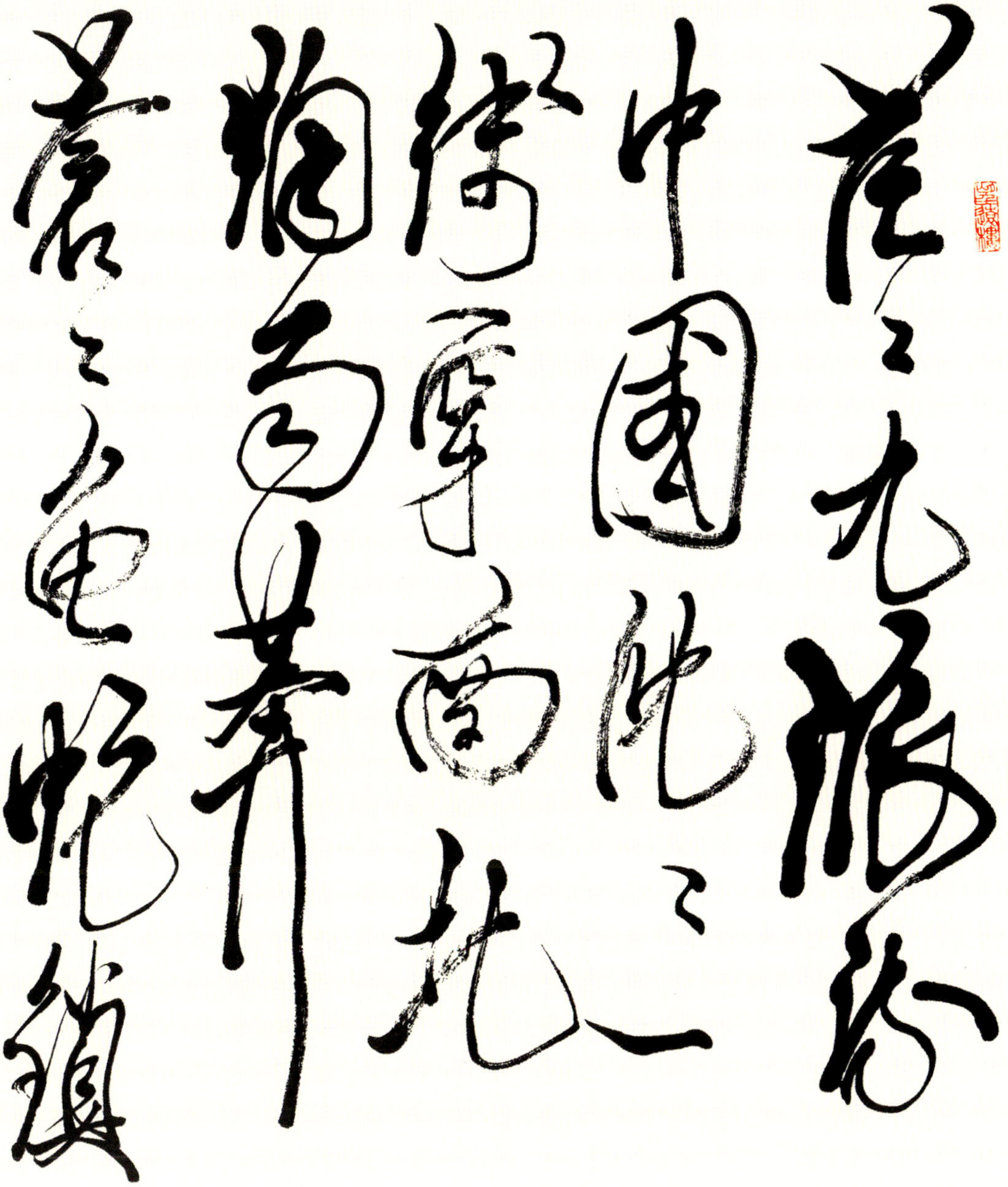
茫茫九派流中国沉沉一线穿南北烟雨莽苍苍龟蛇锁

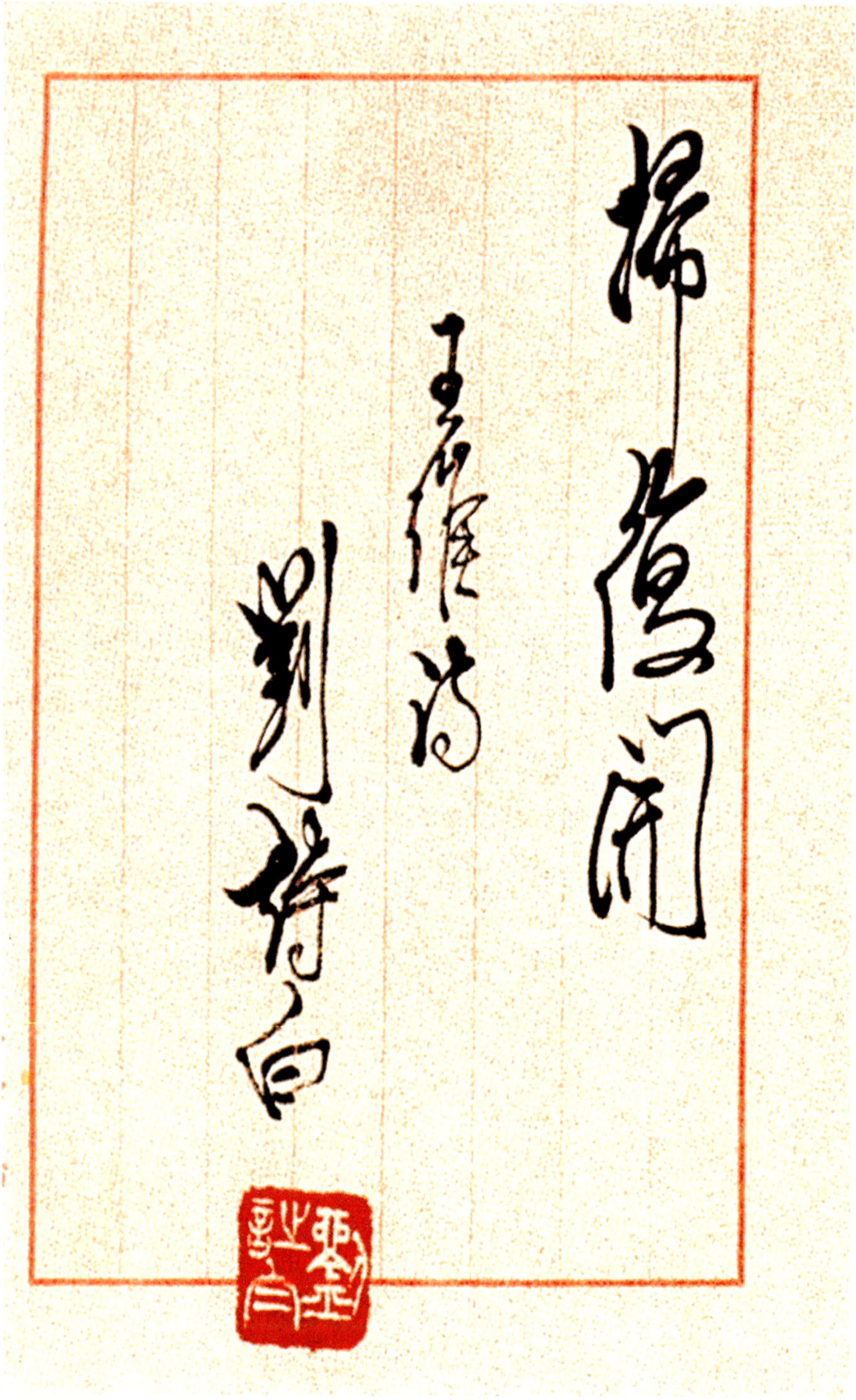

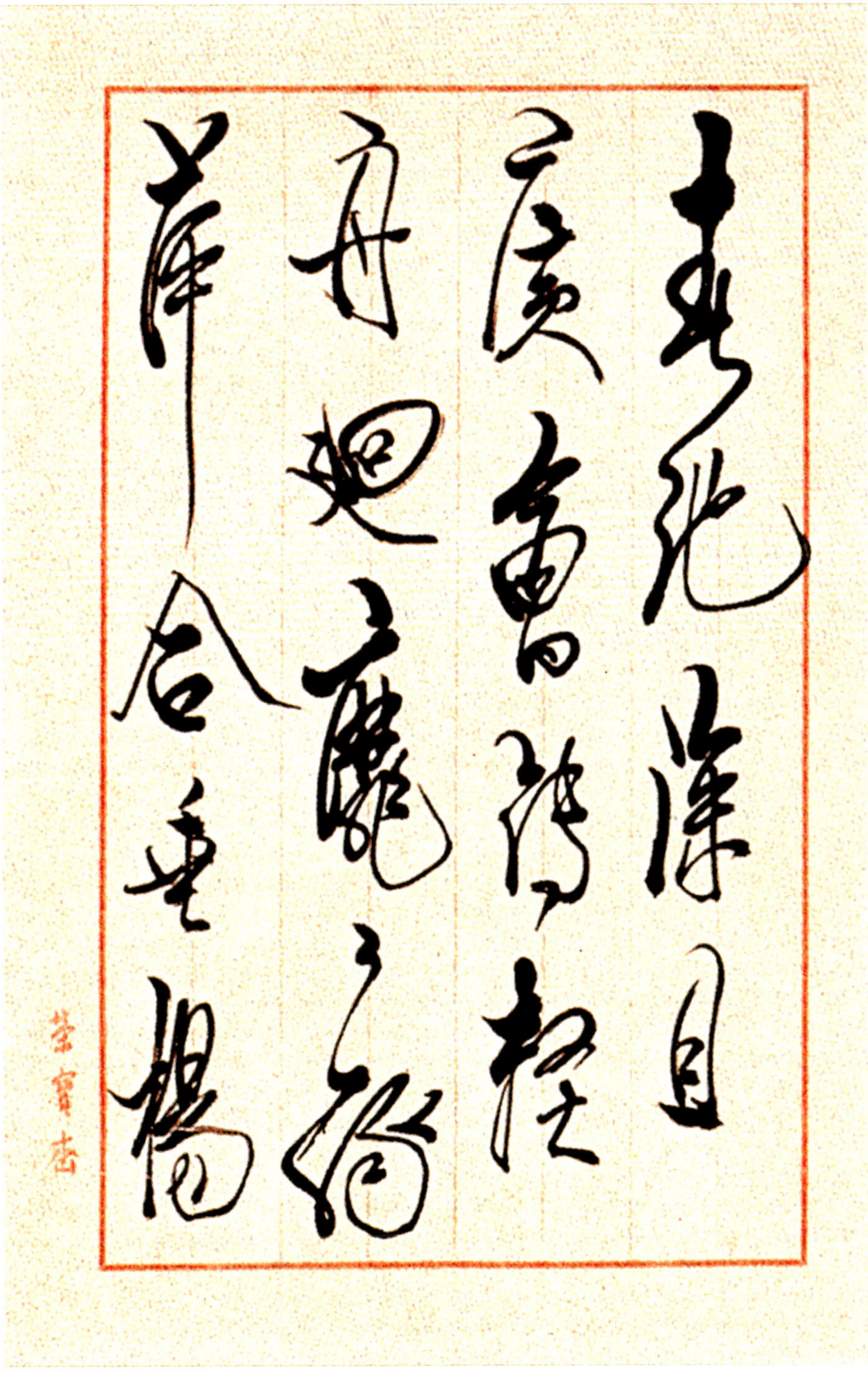

王维《皇甫岳溪杂题五首·萍池》

春池深且广，会待轻舟回。

靡靡绿萍合，垂杨扫复开。

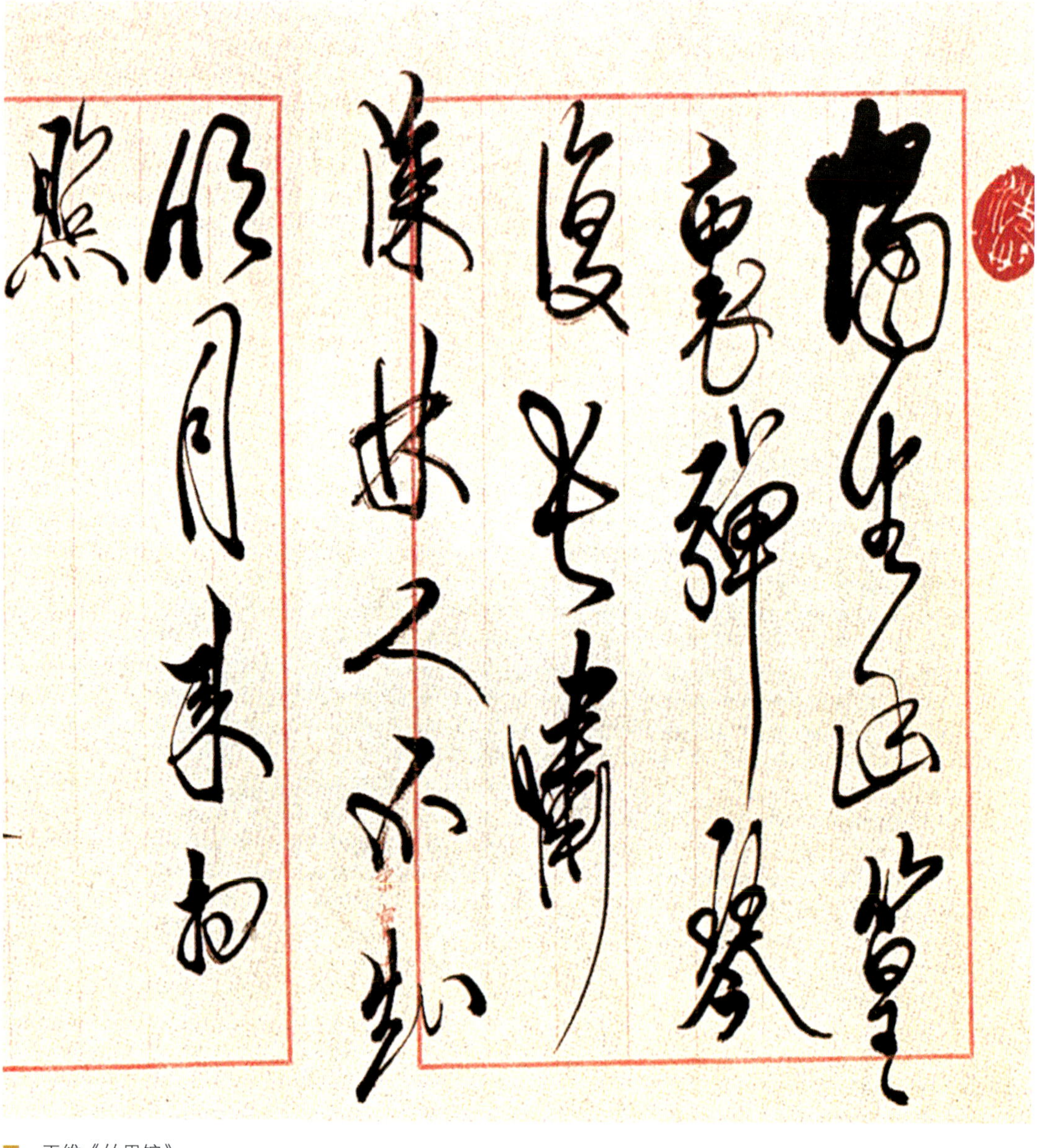

■ 王维《竹里馆》

独坐幽篁里，弹琴复长啸。

深林人不知，明月来相照。

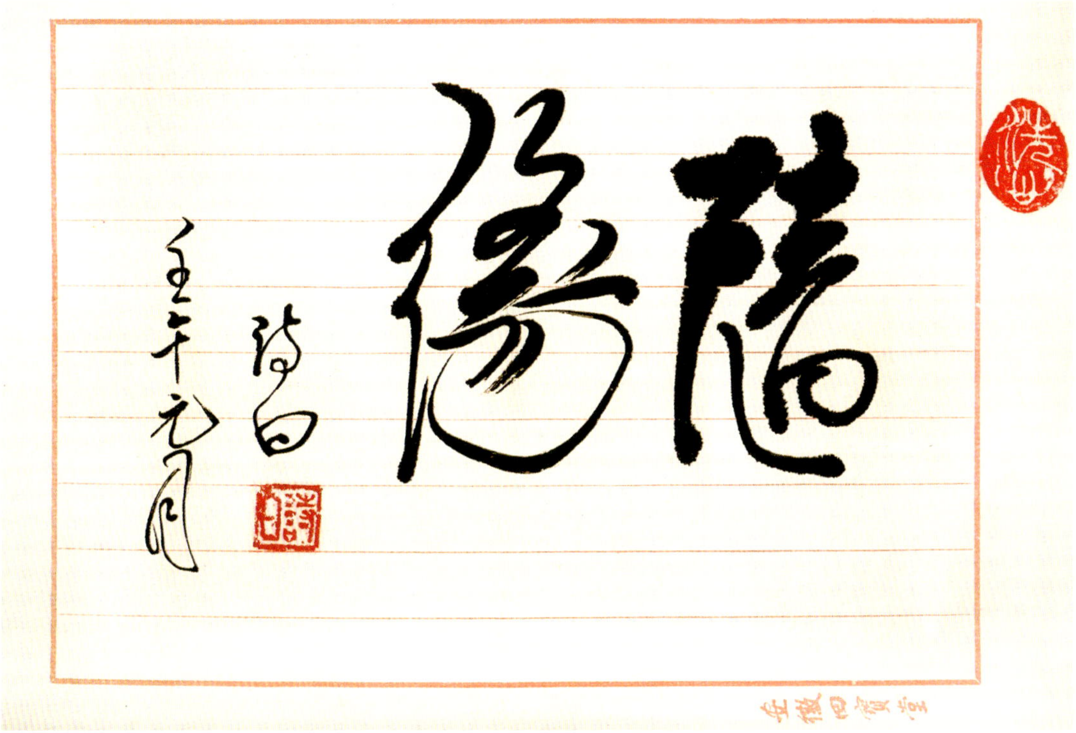

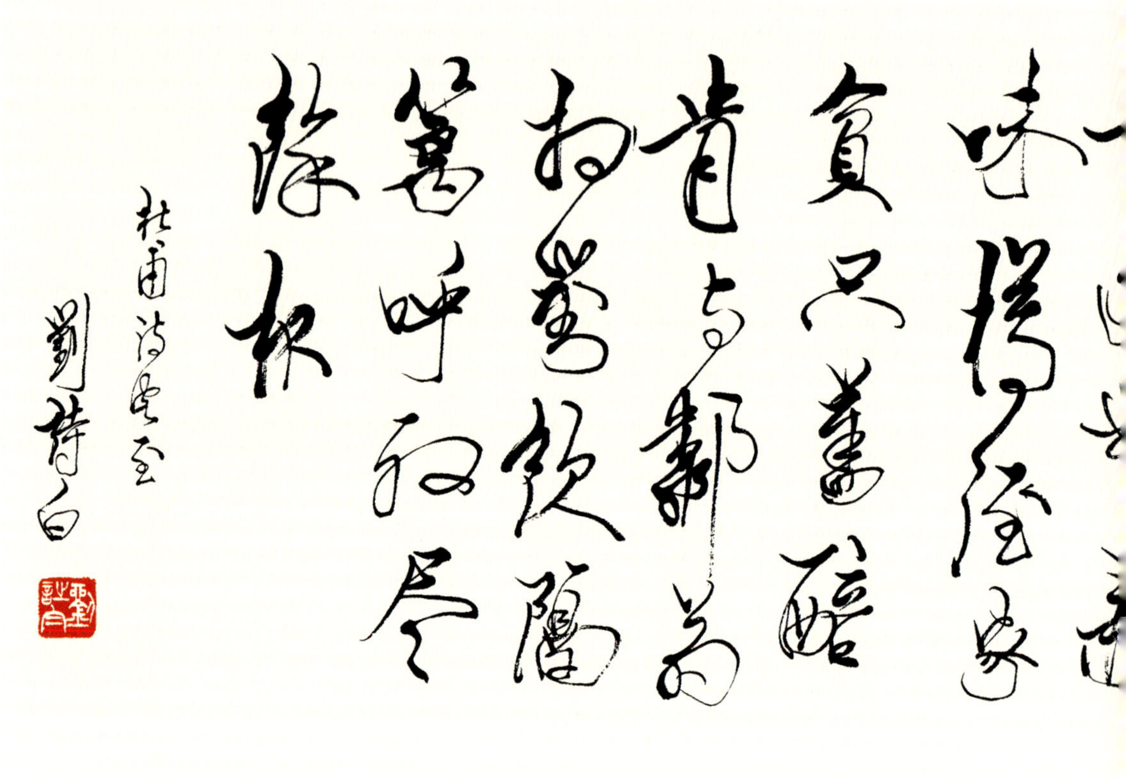

■ 杜甫《客至》

舍南舍北皆春水，但见群鸥日日来。花径不曾缘客扫，蓬门今始为君开。

盘飧市远无兼味，樽酒家贫只旧醅。肯与邻翁相对饮，隔篱呼取尽馀杯。（“馀”通“余”）

舍南舍北
皆春水但
见群鸥日
日来花径
不曾缘客
扫蓬门
今始为君
开盘飧市

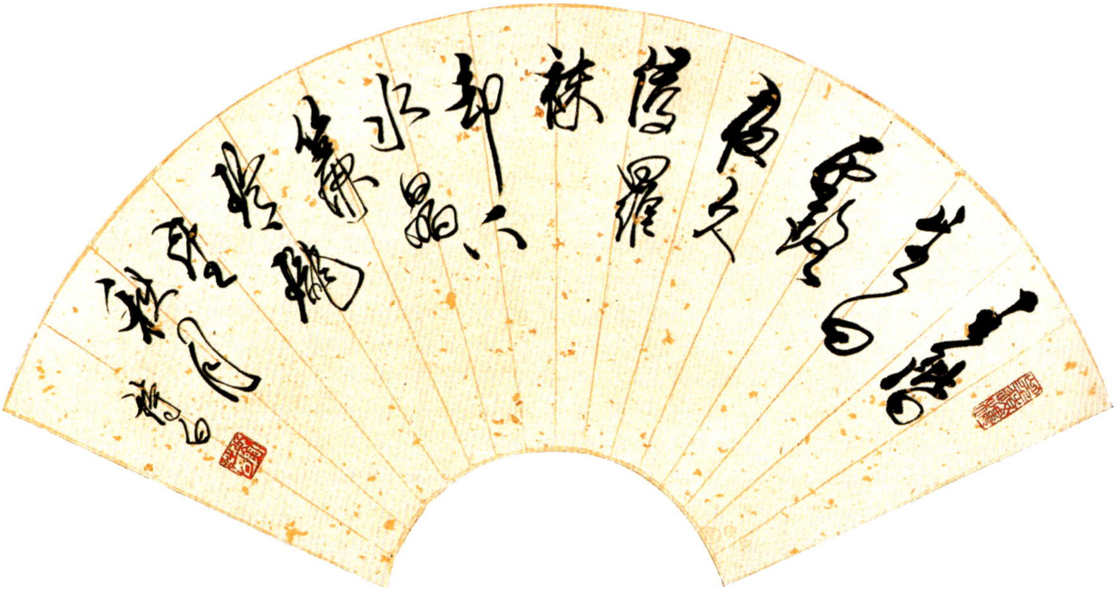

2002年—2007年

作品

刘诗白选集（书法作品）

陈毅 诗二首《哭彭八首》

（一）

淮北哀音至，灯前意黯然。

生平供忆想，终夜不成眠。

（三）

雄气压陇海，英风断淮河。

荣哀何有尽，万众泪滂沱。

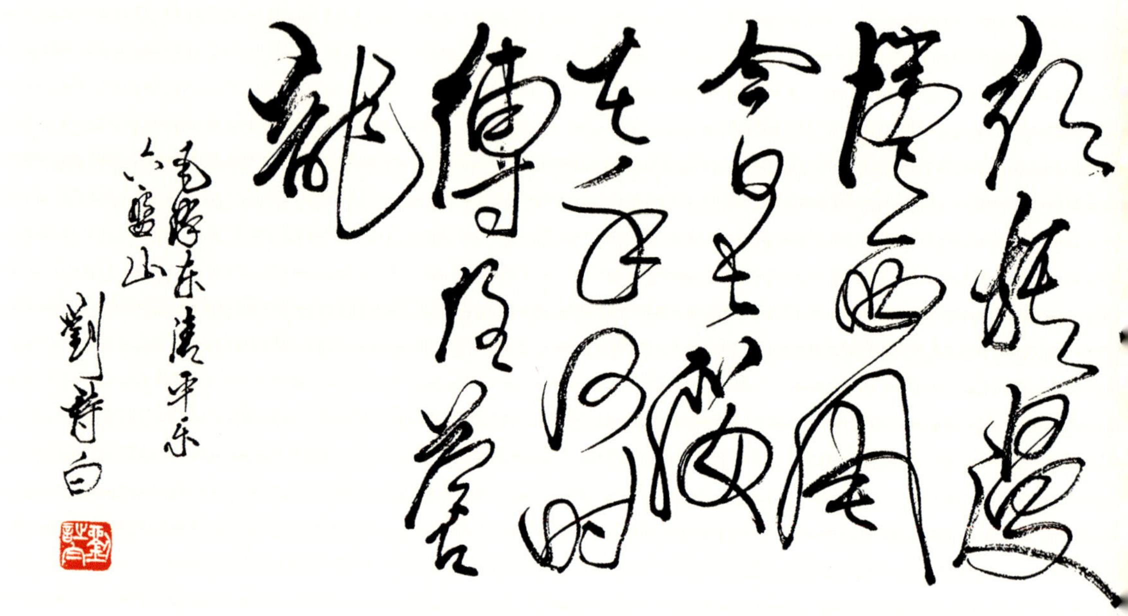

■ 毛泽东《清平乐·六盘山》

天高云淡，望断南飞雁。不到长城非好汉，屈指行程二万。六盘山上高峰，红旗漫卷西风。今日长缨在手，何时缚住苍龙？

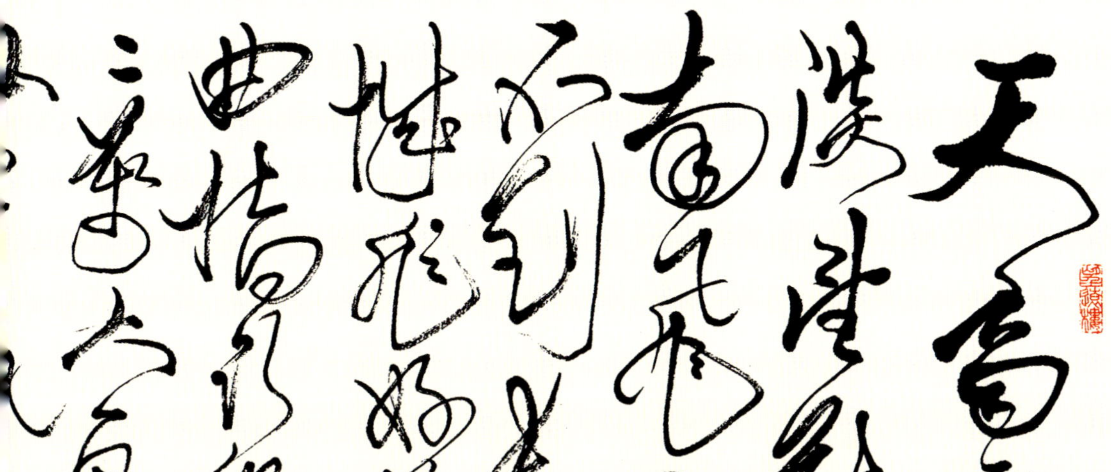
天高云淡望断南飞雁不到长城非好汉屈指行程二万六盘

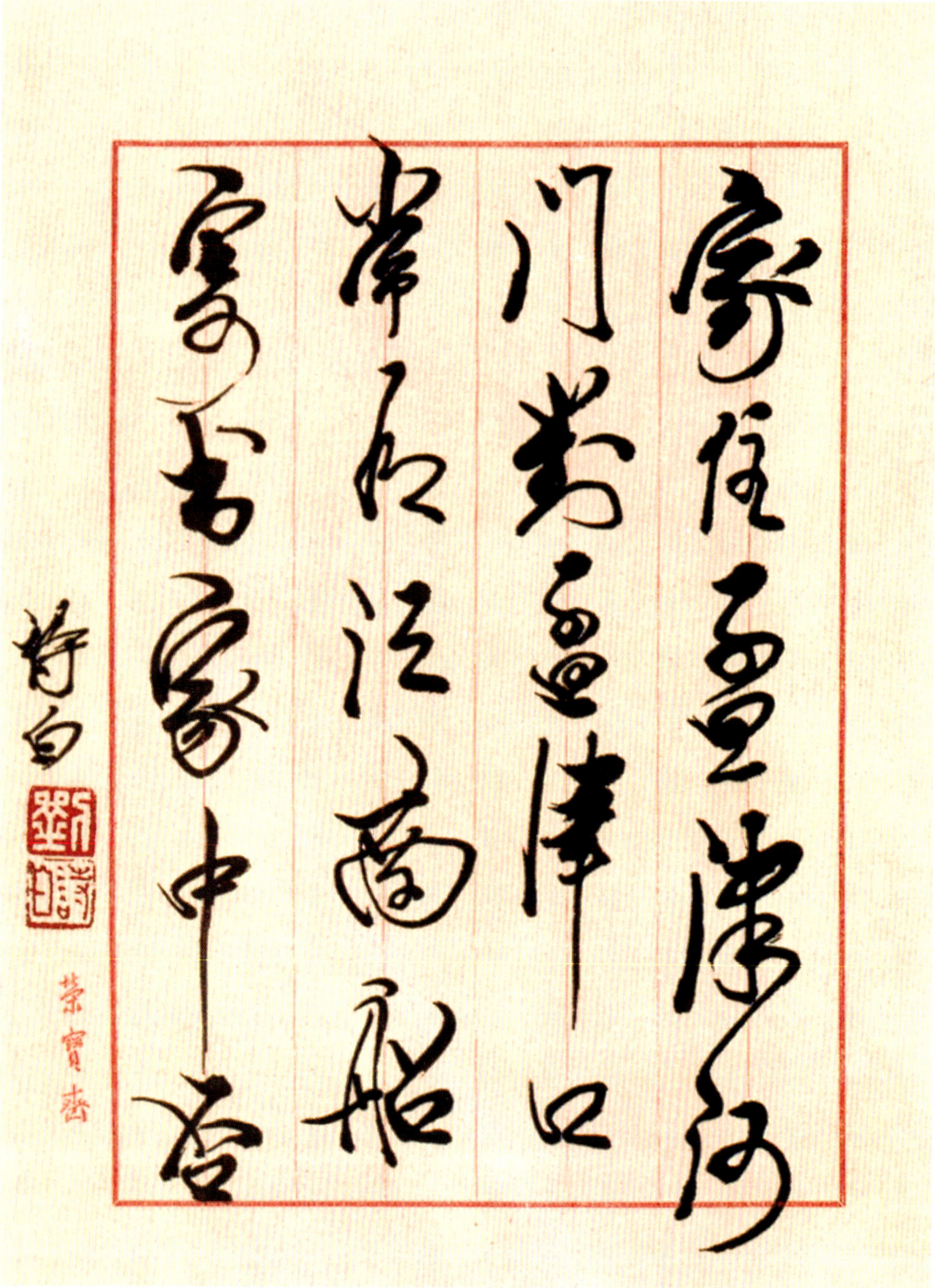

■ 王维《杂诗三首》（节选）

家住孟津河，门对孟津口。

常有江南船，寄书家中否。

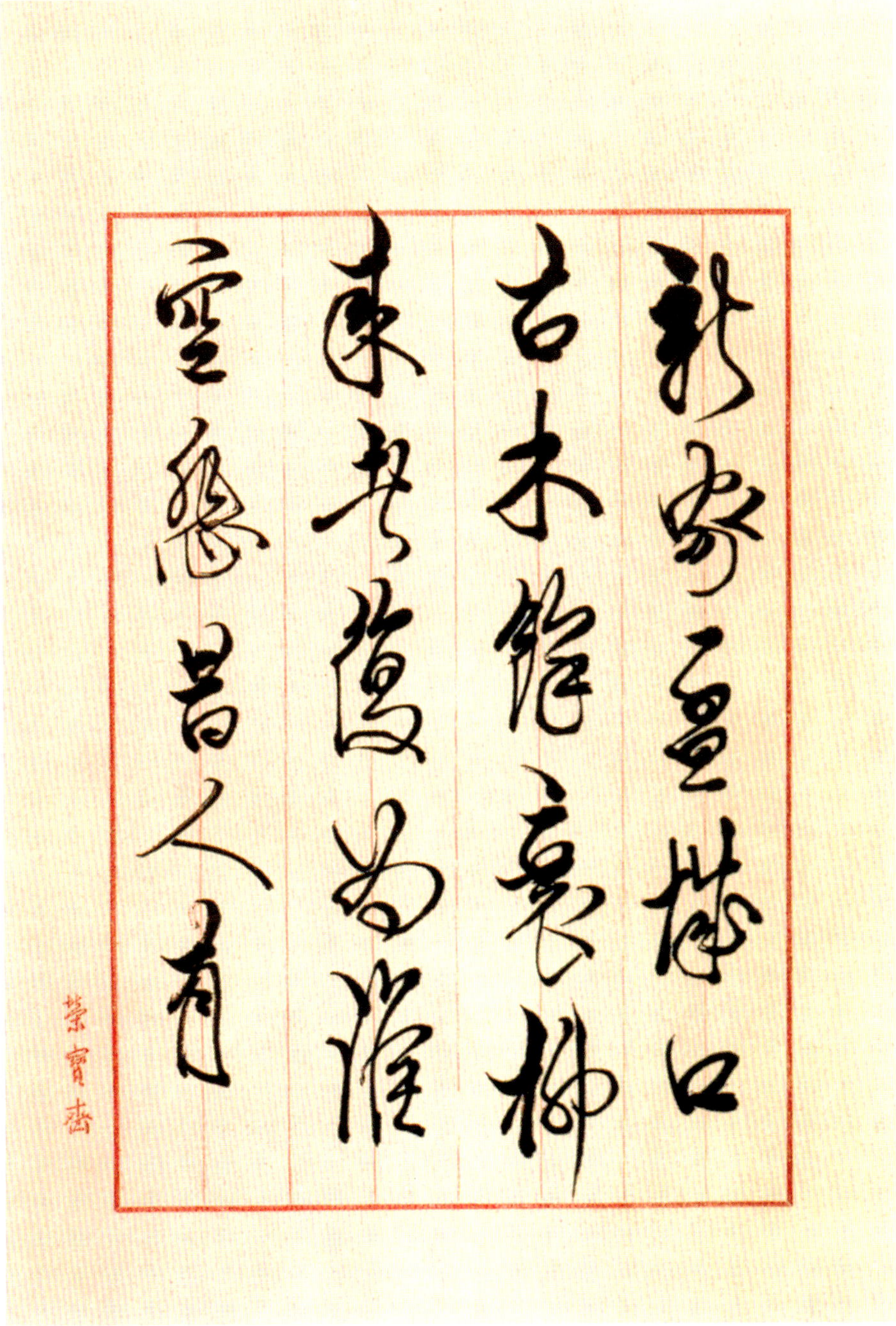

王维《孟城坳》

新家孟城口，古木余衰柳。
来者复为谁？空悲昔人有。

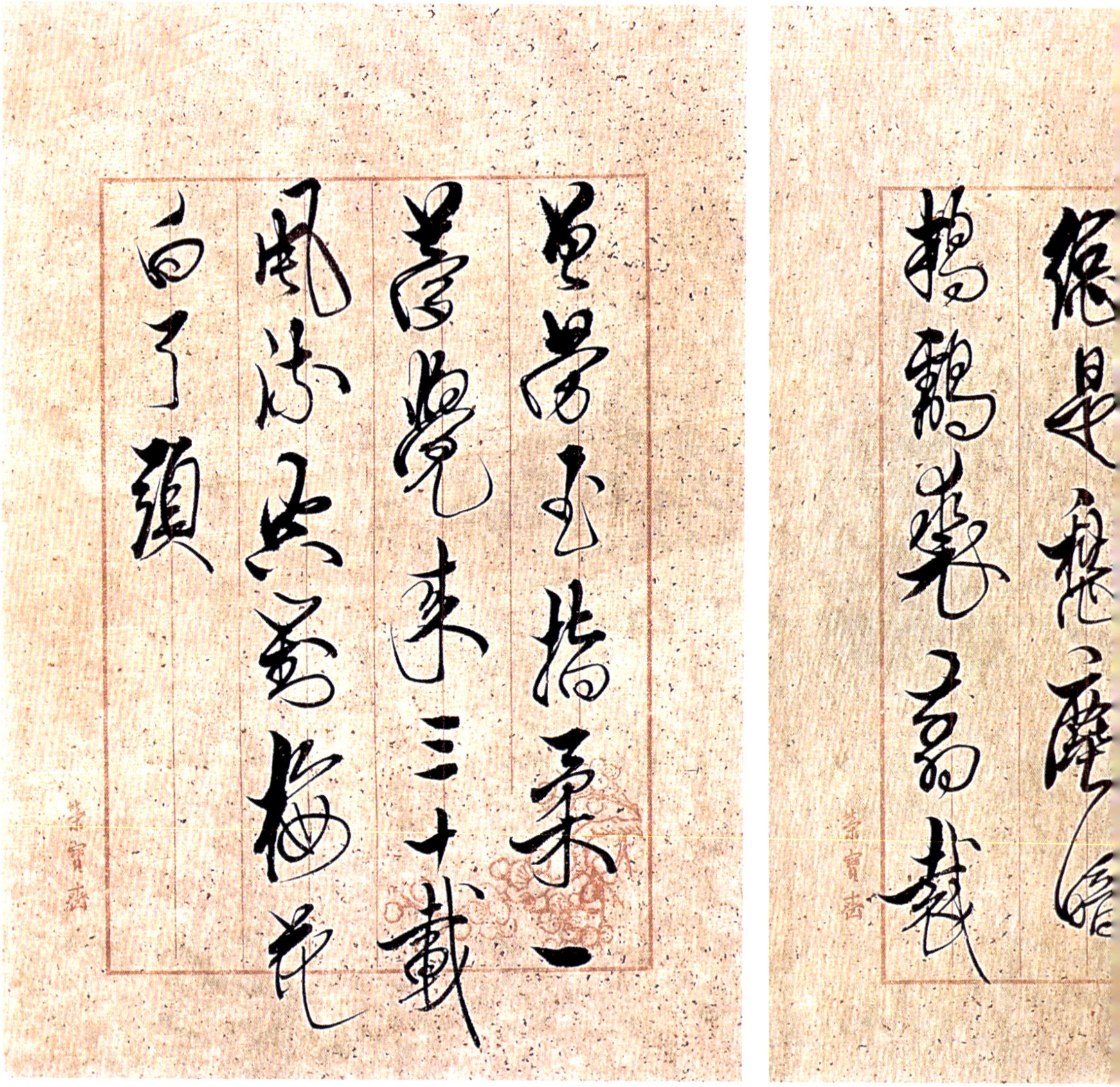

■ 书法　局部

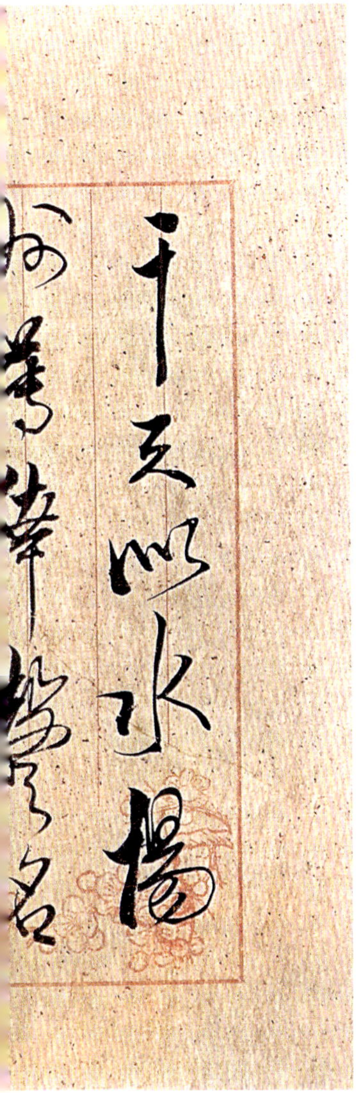

吴文英 夜游宫

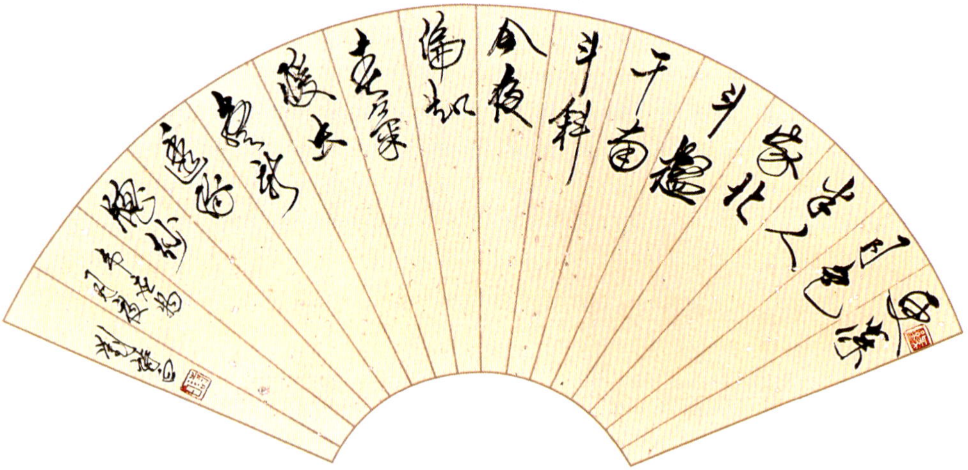

■ 刘方平《夜月》

更深月色半人家，北斗阑干南斗斜。
今夜偏知春气暖，虫声新透绿窗纱。

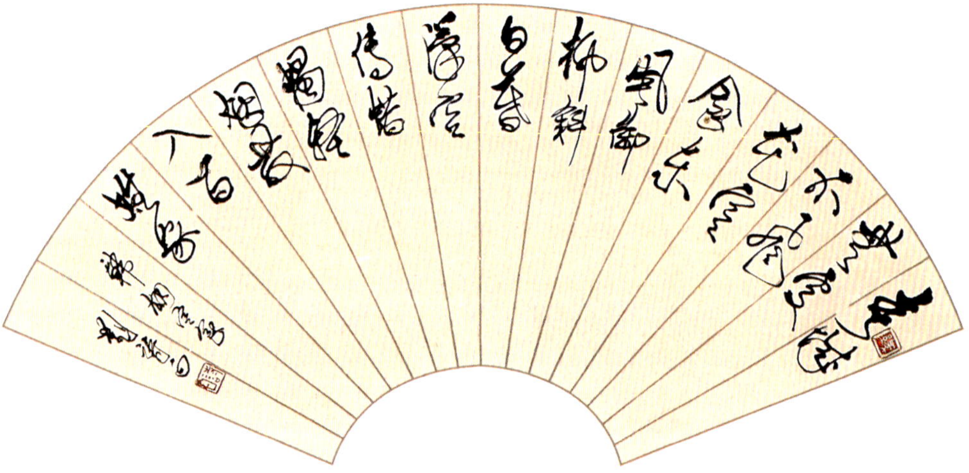

■ 韩翃《寒食》

春城无处不飞花，寒食东风御柳斜。
日暮汉宫传蜡烛，轻烟散入五侯家。

2007年—2008年

作品

刘诗白选集（书法作品）

■ 董必武《游阳朔》

漓江春水绿幽幽，细雨昙天结伴游。
两岸奇山看不尽，碧莲峰下泊行舟。

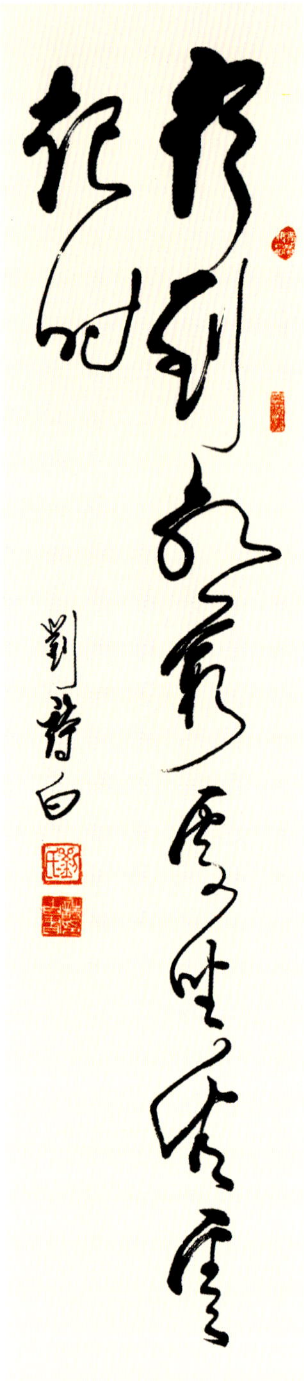

■ 王维 句

行到水穷处，坐看云起时。

■ 龚自珍《己亥杂诗》其五

浩荡离愁白日斜，吟鞭东指即天涯。

落红不是无情物，化作春泥更护花。

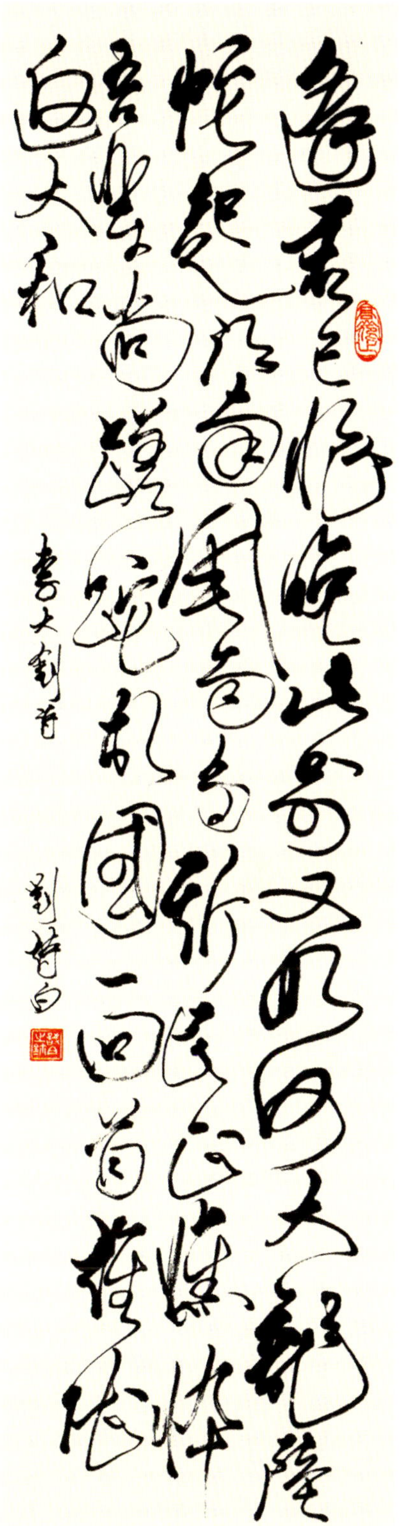

李大钊 诗

逢君已恨晚，此别又如何。
大陆龙蛇起，江南风雨多。
斯民正憔悴，吾辈尚蹉跎。
故国一回首，谁堪返太和。

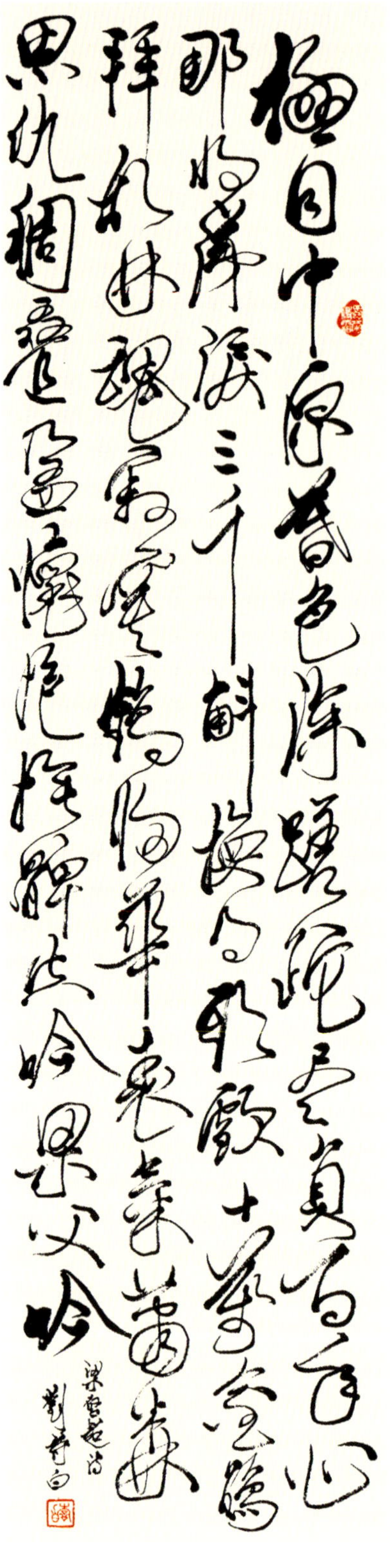

梁启超 诗

极目中原暮色深，蹉跎尽负百年心。
那将涕泪三千斛，换得头颅十万金。
鹃拜故林魂寂寞，鹤归华表气萧森。
思仇稠叠盈怀抱，抚髀空吟梁父吟。

庞树柏《秋侠墓》

西泠桥边水回环，三尺孤坟夕照间。
犹忆秋魂哭秋风，故教侠骨重湖山。
年年碧血痕难灭，寸寸红心草未删。
十字旧题碑已换，我来酾酒泪频潸。

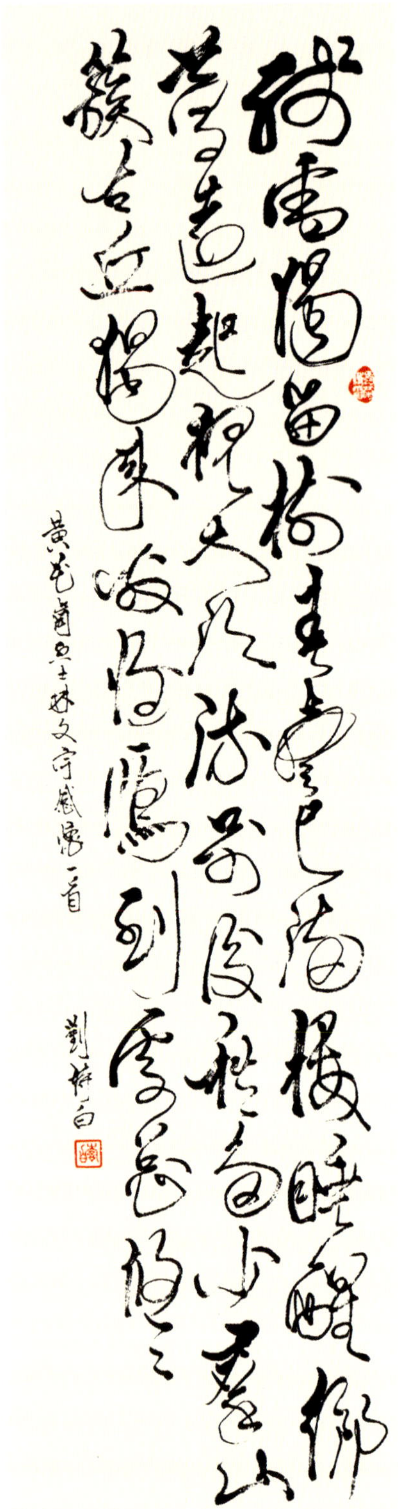

■ 林文《黄花岗烈士林文感怀一首》

残雪独留树，春声已满楼。
睡醒乡梦远，起视大江流。
别后愁多少，群山簇古丘。
独来数归雁，到处总悠悠。

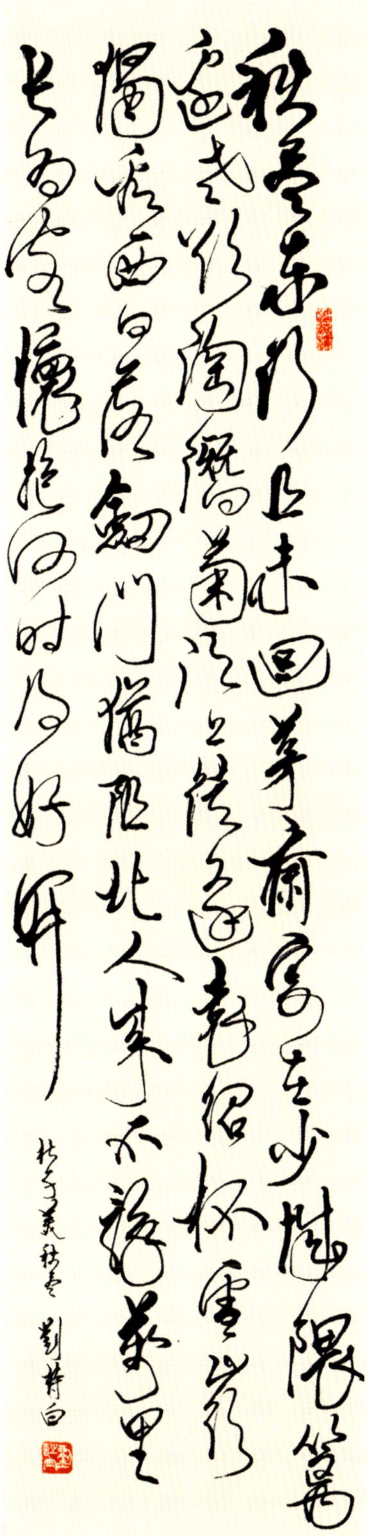

■ 杜甫《秋尽》

秋尽东行且未回，茅斋寄在少城隈。
篱边老却陶潜菊，江上徒逢袁绍杯。
雪岭独看西日落，剑门犹阻北人来。
不辞万里长为客，怀抱何时得好开。

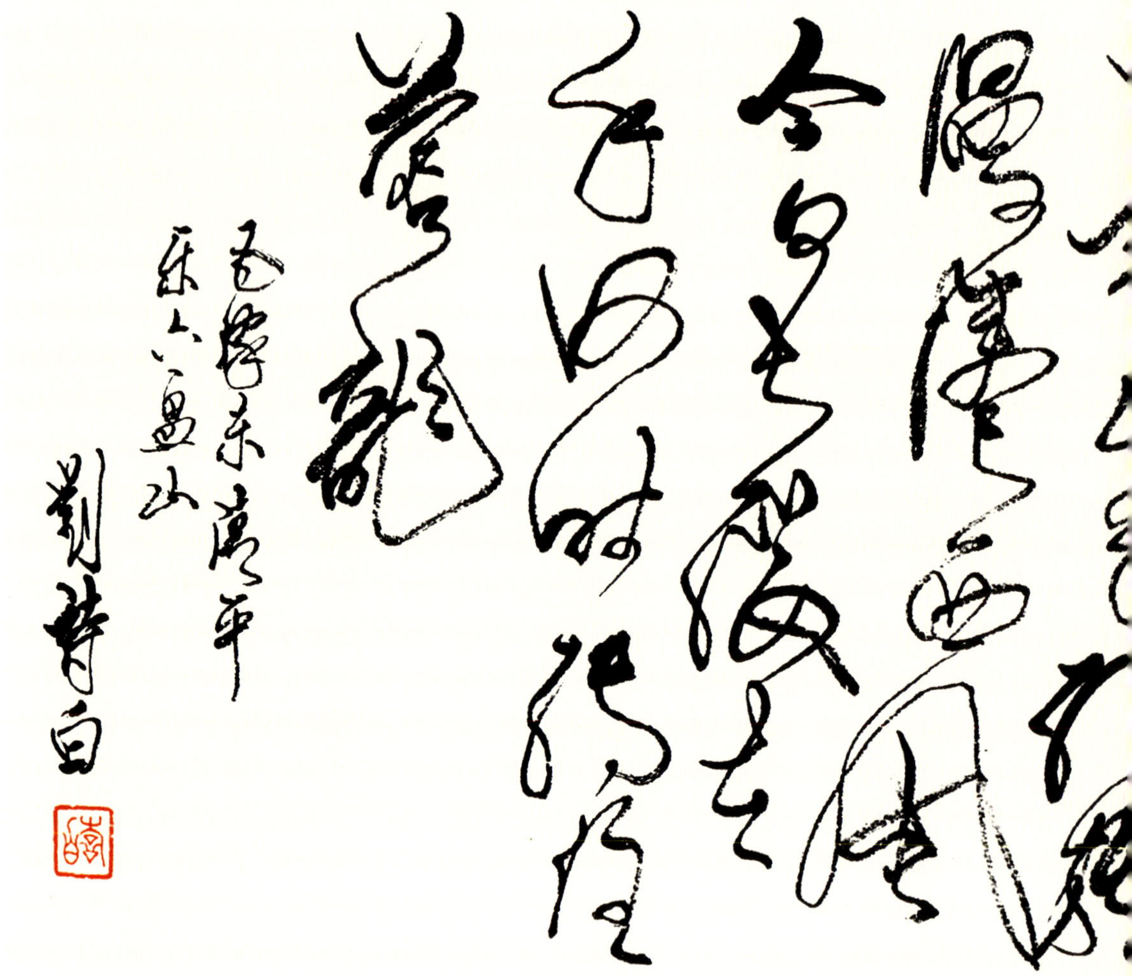

毛泽东《清平乐·六盘山》

天高云淡，望断南飞雁。不到长城非好汉，屈指行程二万。

六盘山上高峰，红旗漫卷西风。今日长缨在手，何时缚住苍龙。

天高云淡，望断南飞雁。不到长城非好汉，屈指行程二万。

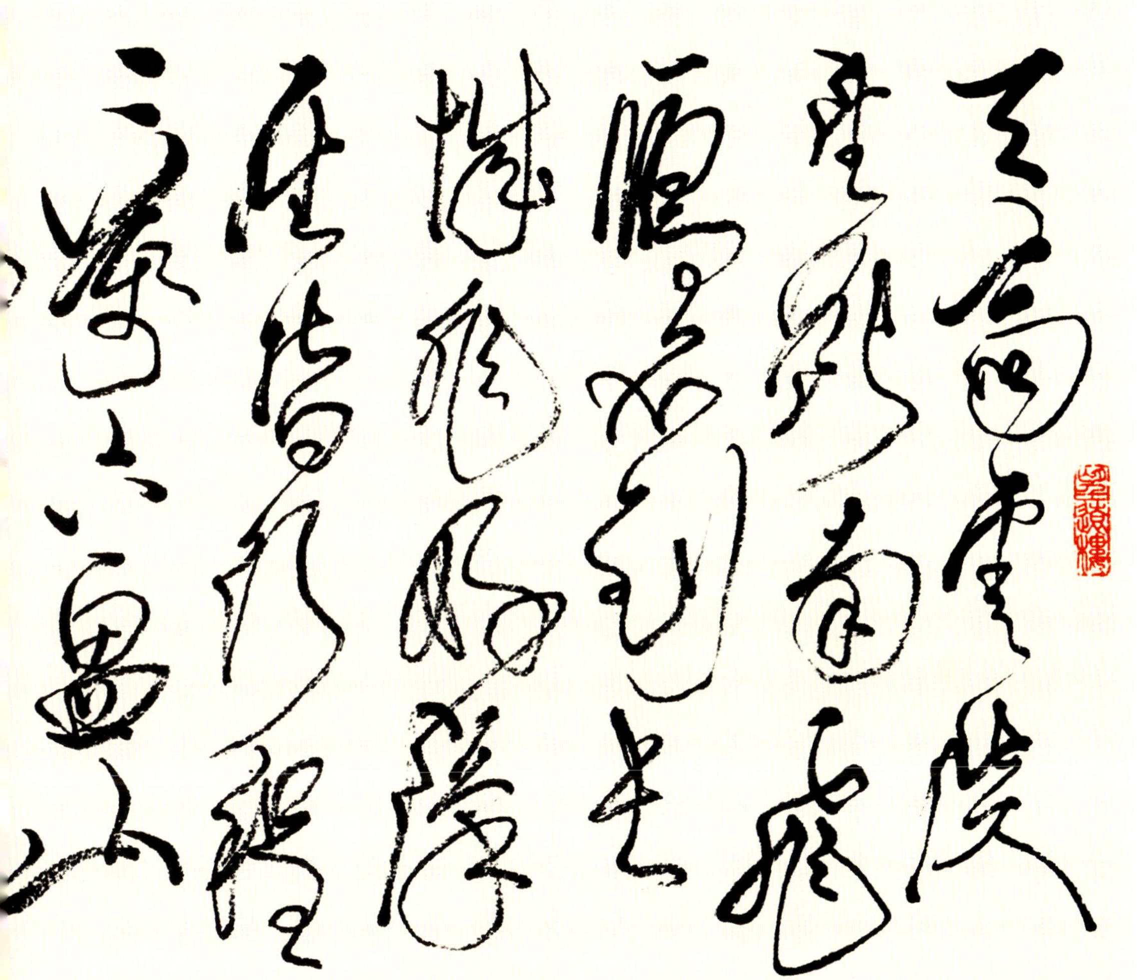

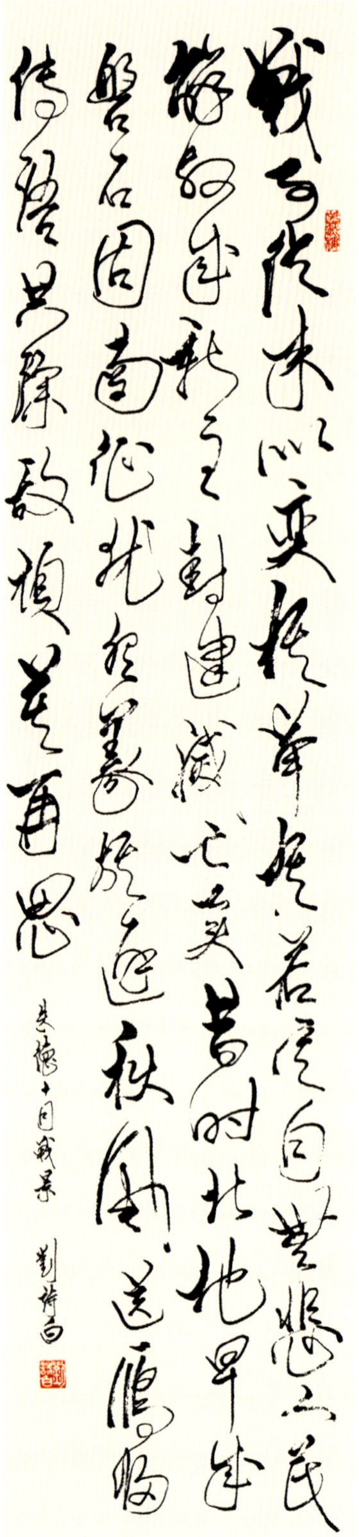

■ 朱德《十月战景》

战事从来以弈棋，举棋若定自无悲。
人民解放成新主，封建灭亡异昔时。
北地早成磐石固，南征犹恕义旗迟。
秋风送雁归传语，共除敌顽莫再思。

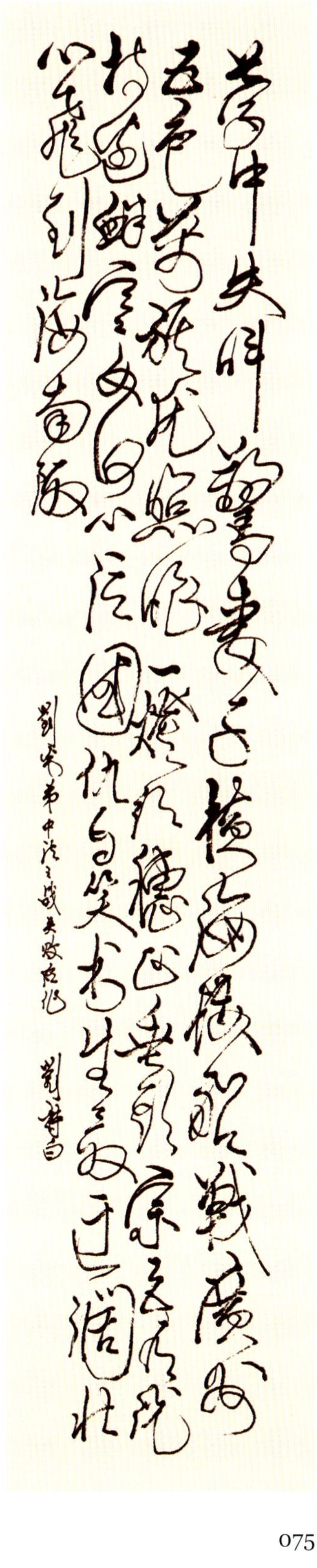

■ 刘光第《梦中》（中法之战失败后作）

梦中失叫惊妻子，横海楼船战广州。
五色花旗犹照眼，一灯红穗正垂头。
宗臣有说持边衅，寒女何心泣国仇。
自笑书生最迂阔，壮心飞到海南陬。

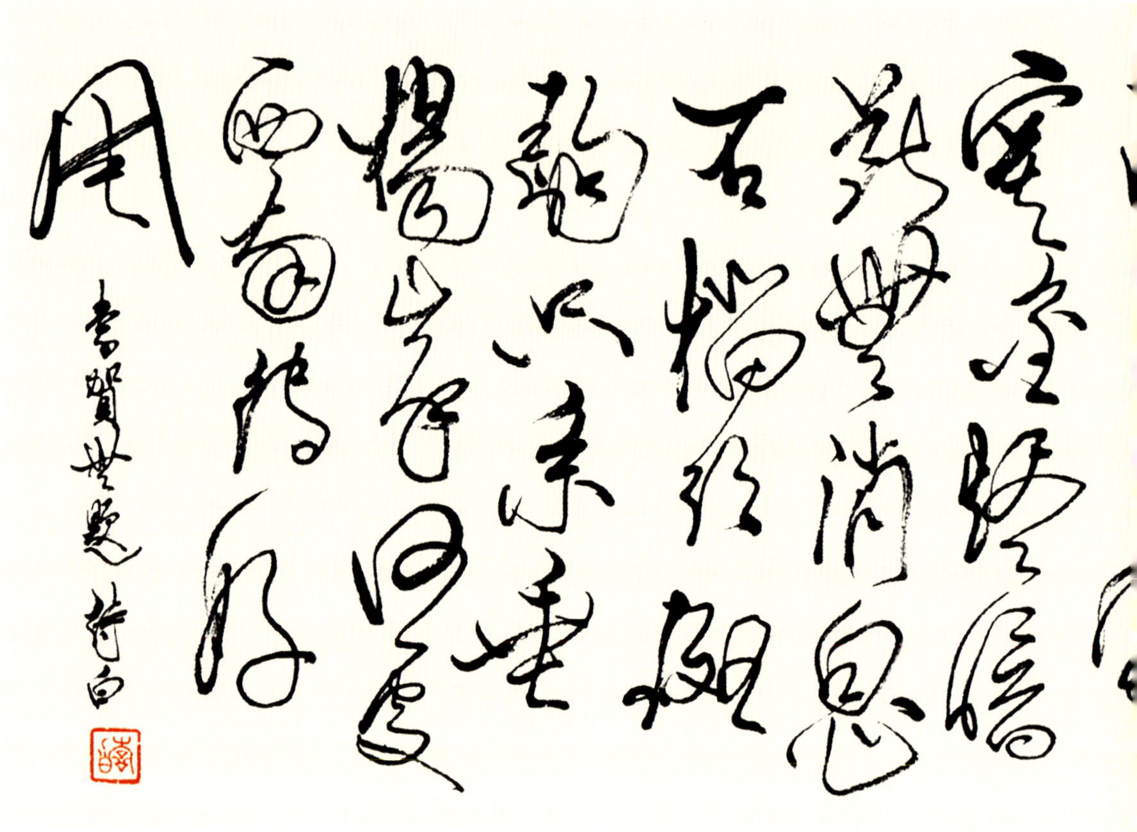

■ 李商隐《无题》

凤尾香罗薄几重，碧纹圆顶夜深缝。扇裁月魄羞难掩，车走雷声语未通。曾是寂寥金烬暗，断无消息石榴红。斑骓只系垂杨岸，何处西南任好风。

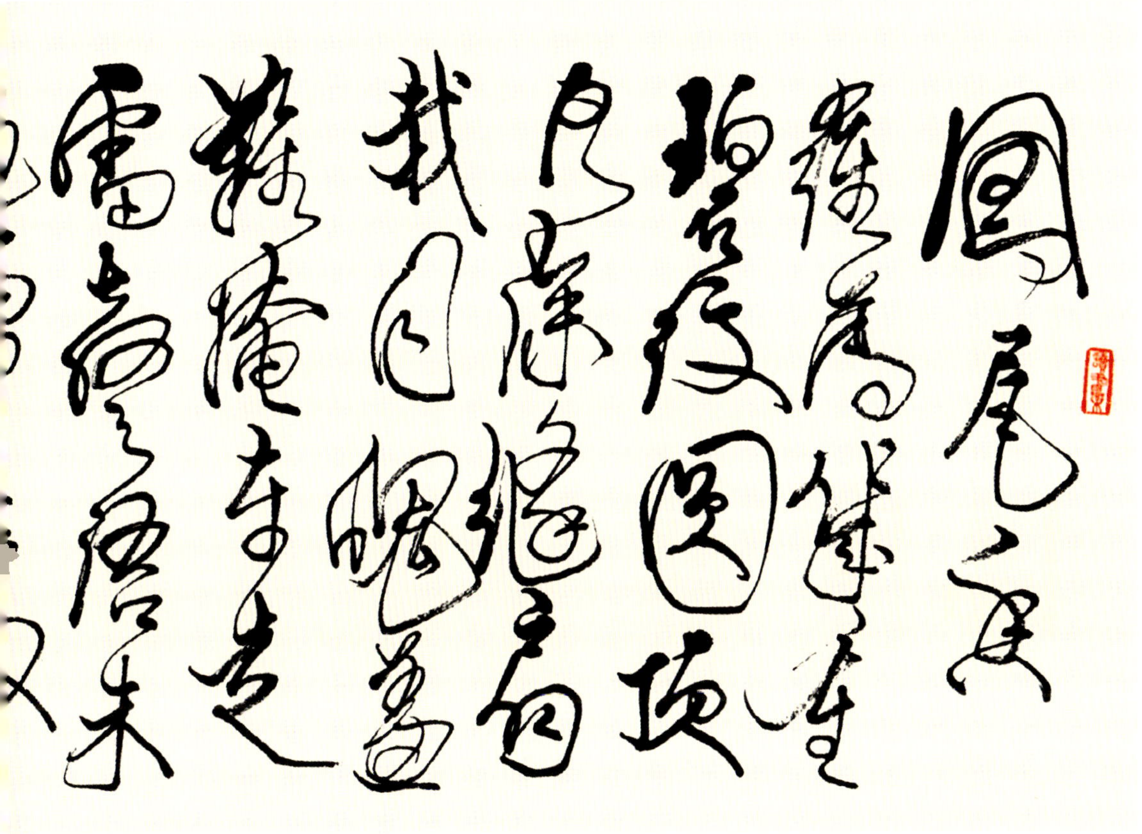

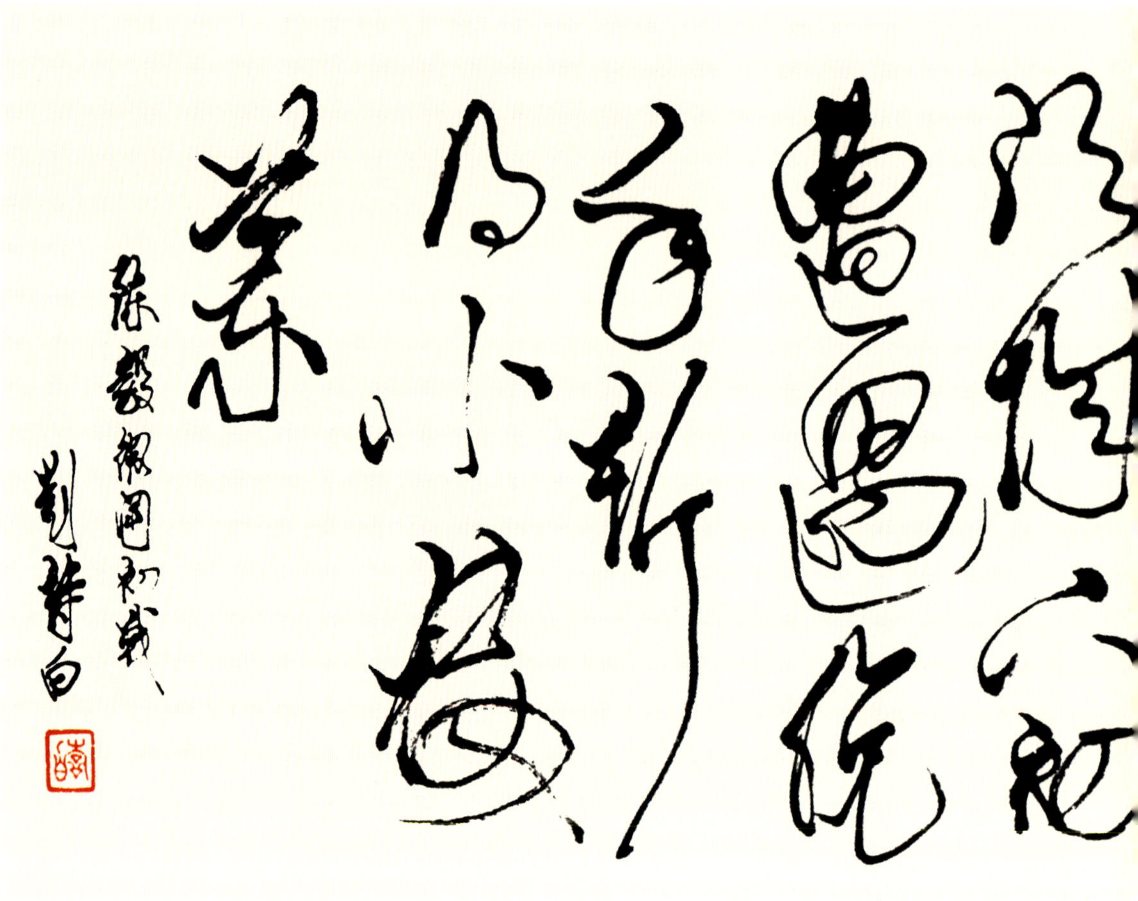

陈毅《卫岗初战》

弯弓射日到江南，终夜喧呼敌胆寒。
镇江城下初遭遇，脱手斩得小楼兰。

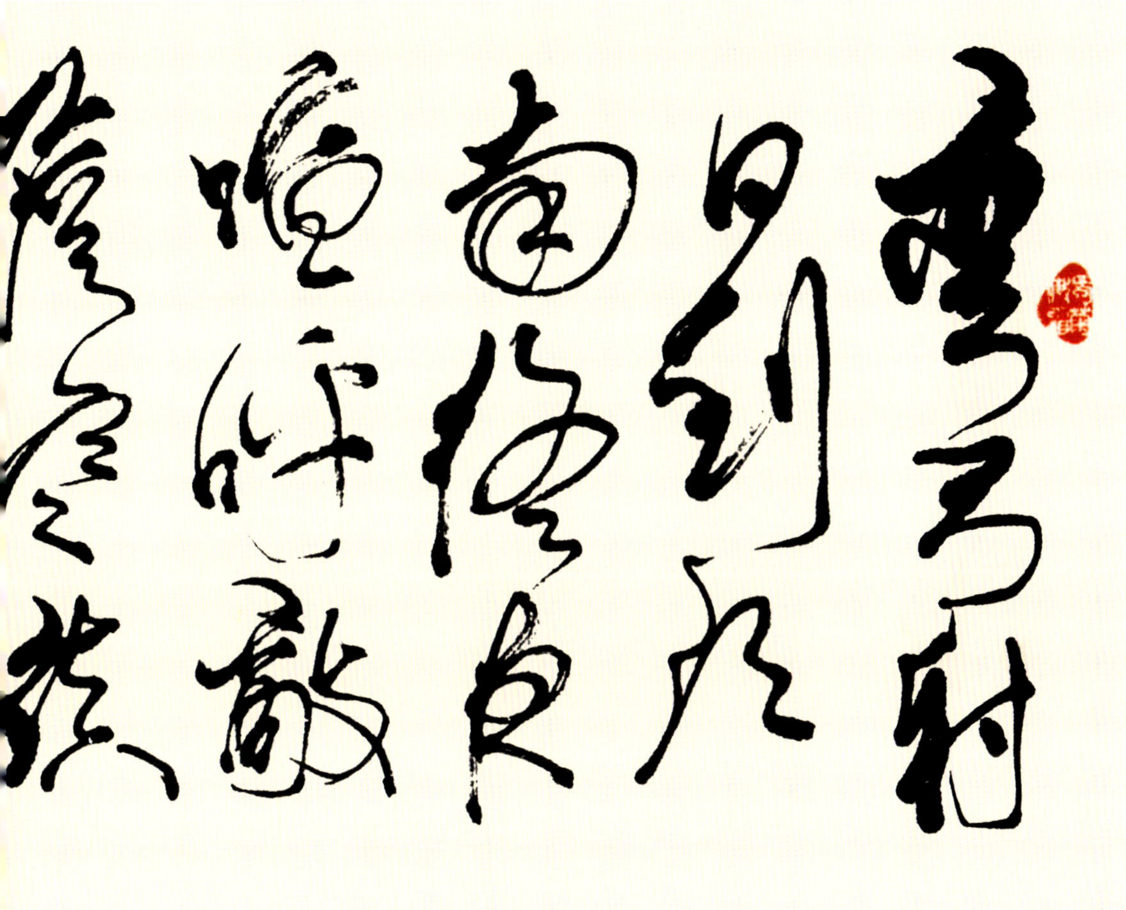

■ 王维《过香积寺》

不知香积寺，数里入云峰。古木无人径，深山何处钟。

泉声咽危石，日色冷青松。日暮空潭曲，安禅制毒龙。

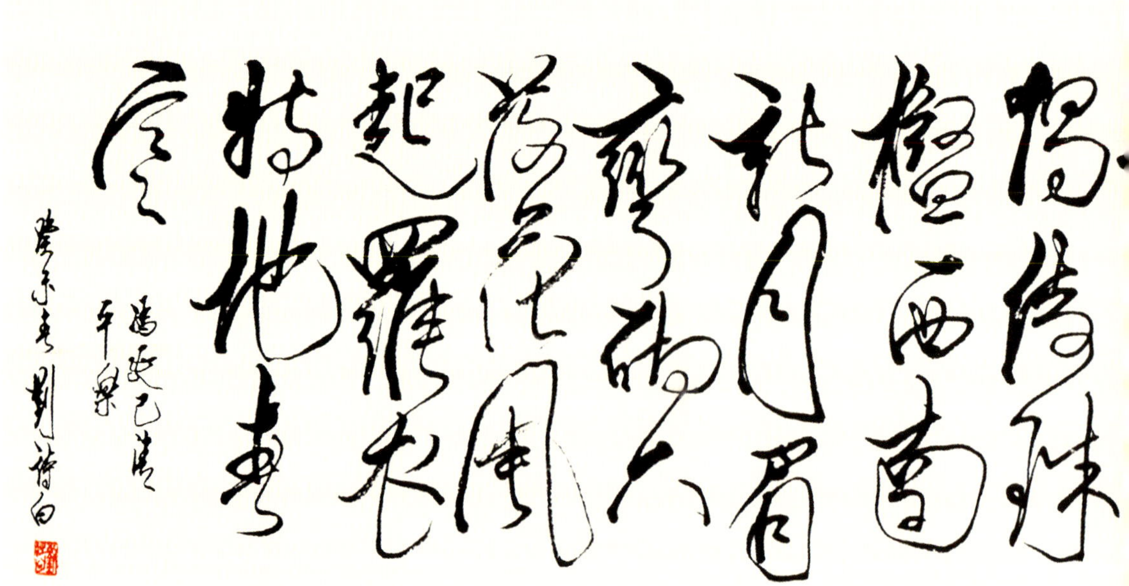

■ 冯延巳《清平乐·雨晴烟晚》

雨晴烟晚，绿水新池满。双燕飞来垂柳院，小阁画帘高卷。

黄昏独倚珠槛，西南新月眉弯。砌下落花风起，罗衣特地春寒。

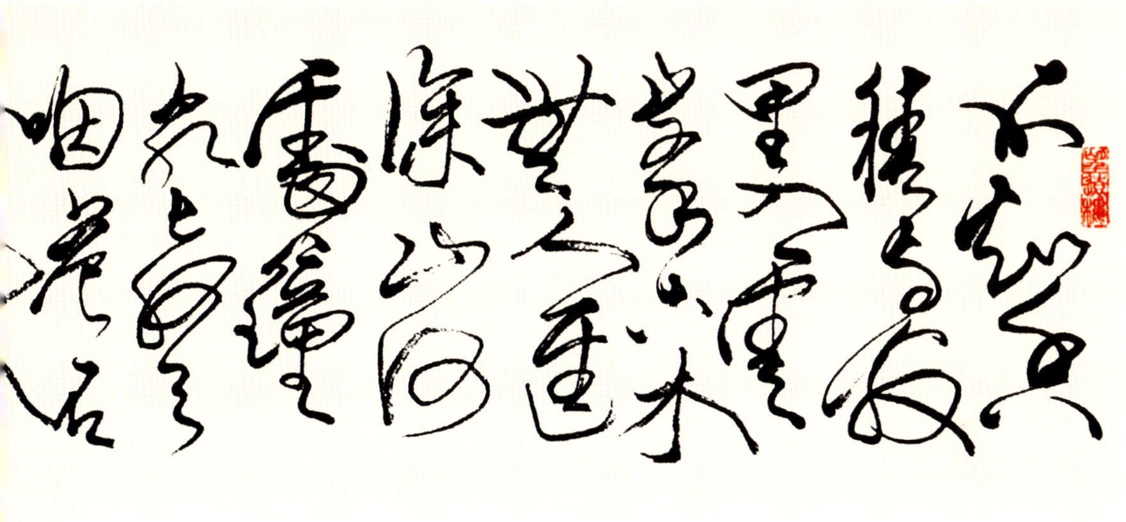

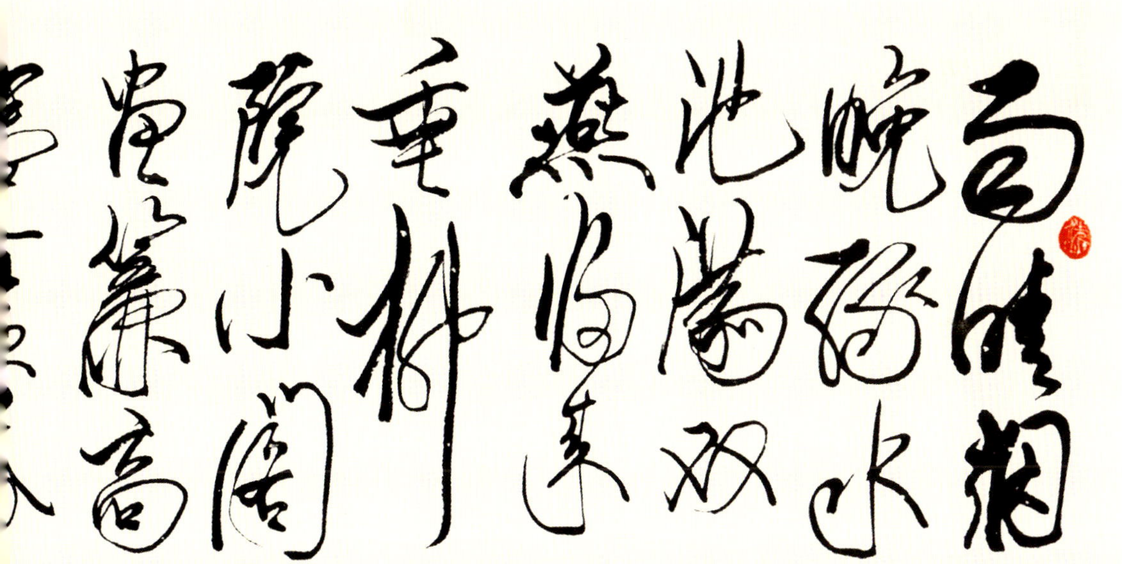

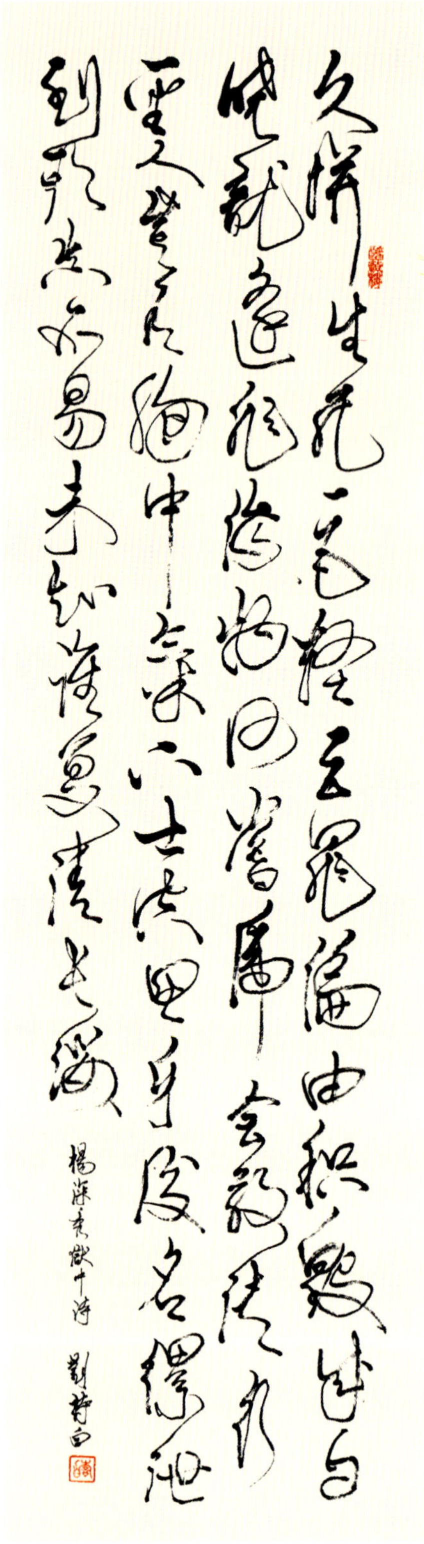

■ 杨深秀《狱中诗》

久拼生死一毛轻，臣罪偏由积毁成。
自晓龙逢非俊物，何尝虎会敢徒行。
圣人岂有胸中气，下士空思身后名。
缧绁到头真不怨，未知谁复请长缨。

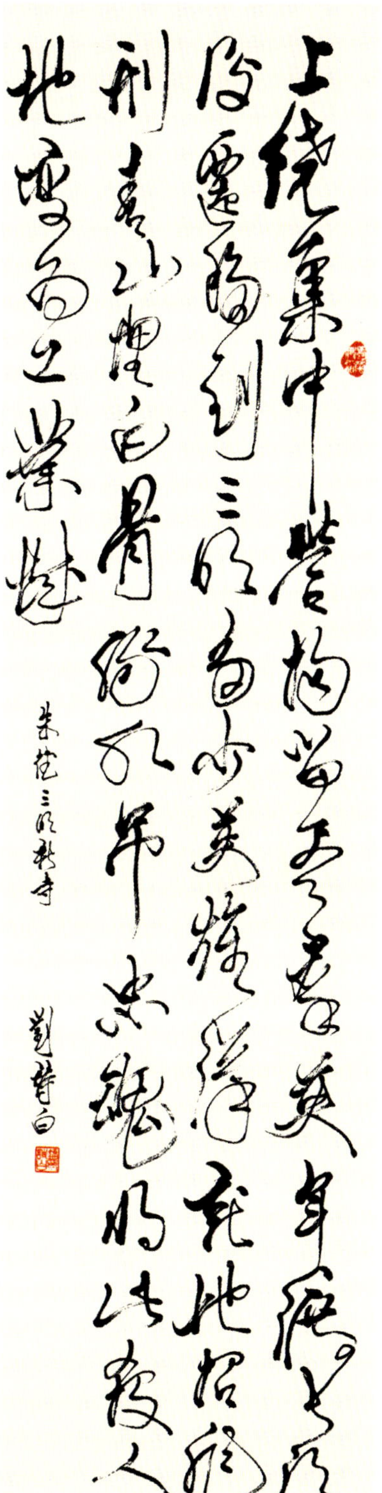

■ 朱德《三明新市》

上饶集中营，拘留尽群英。
军渡长江后，迁移到三明。
多少英雄汉，就地遭非刑。
青山埋白骨，绿水吊忠魂。
将此杀人地，变为工业城。

■ 朱德《步董必武同志原韵两首》之一

历年征战未离鞍，赢得边区老少安。
耕者有田风俗厚，仁人施政法刑宽。
实行民主真行宪，只见公仆不见官。
陕北齐声歌解放，丰衣足食万家欢。

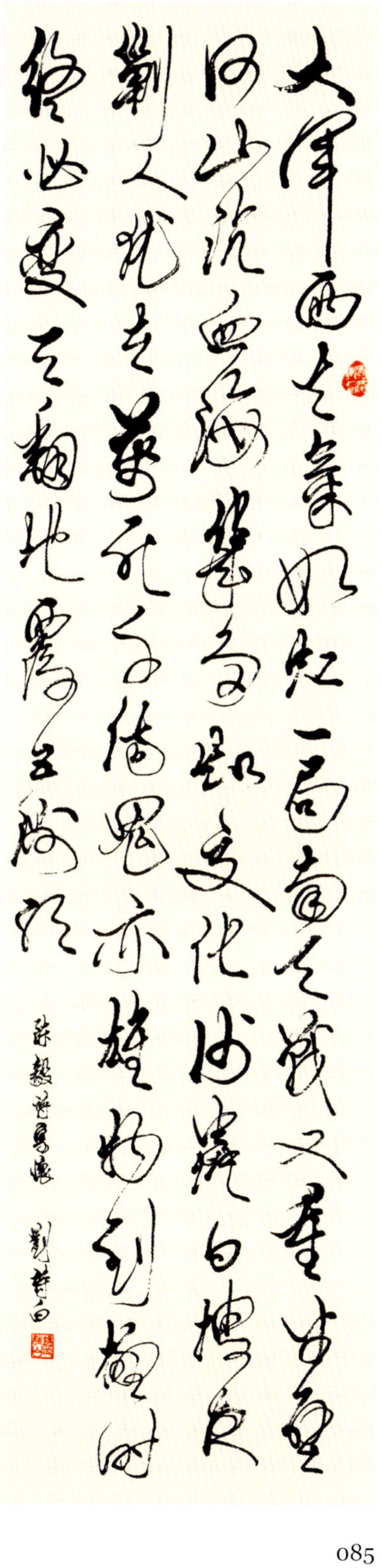

■ 陈毅《三十五岁生日寄怀》

大军西去气如虹，一局南天战又重。
半壁河山沉血海，几多知交化沙虫。
日搜夜剿人犹在，万死千伤鬼亦雄。
物到极时终必变，天翻地覆五洲红。

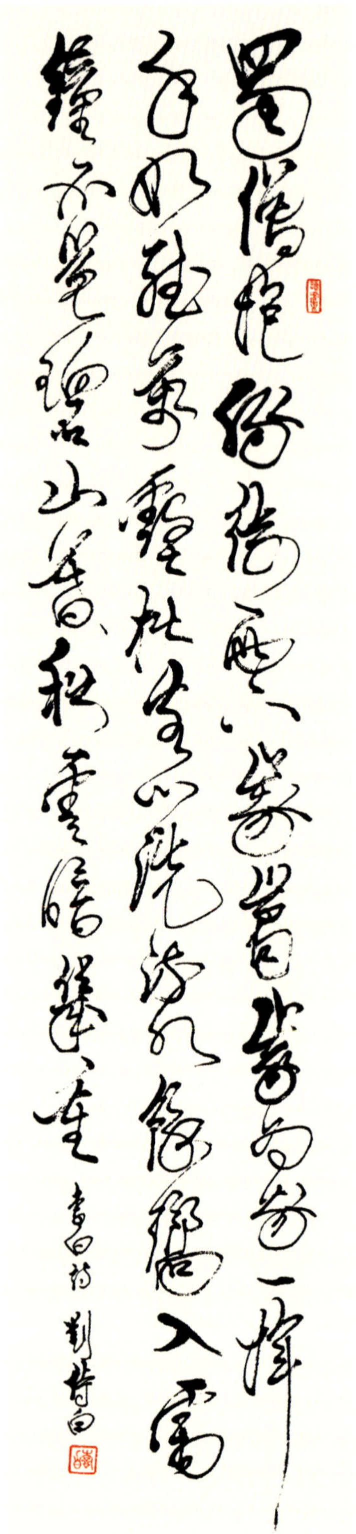

■ 李白《听蜀僧濬弹琴》

蜀僧抱绿绮，西下峨嵋峰。
为我一挥手，如听万壑松。
客心洗流水，余响入霜钟。
不觉碧山暮，秋云暗几重。

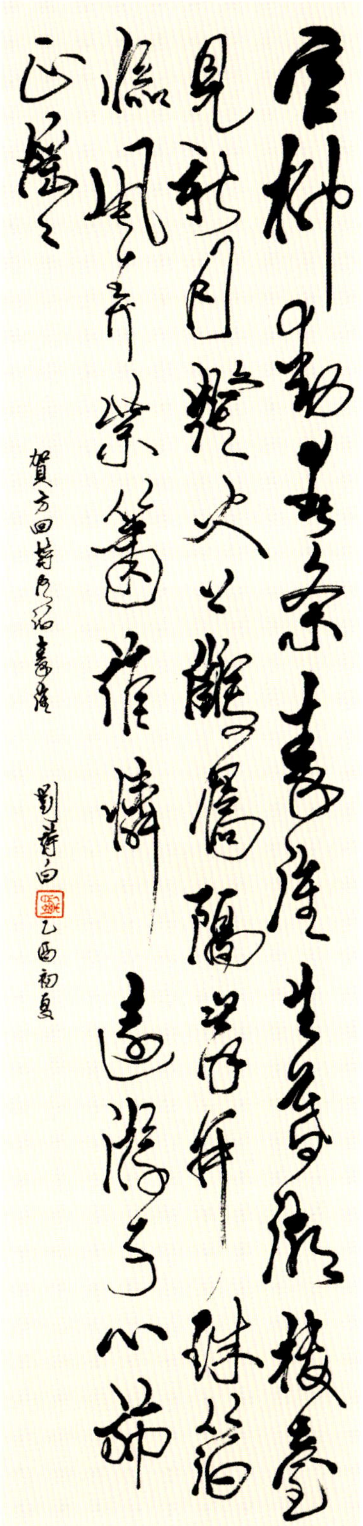

■ 贺方回《秦淮夜泊》

官柳动春条，秦淮生暮潮。
楼台见新月，灯火上双桥。
隔岸开朱箔，临风弄紫箫。
谁怜远游子，心旌正摇摇。

■ 林伯渠《游爱晚亭》

到处枫林压酒痕，十分景色赛天苏。
千山洒遍杜鹃血，一缕难招帝子魂。
欲把神州回锦绣，频将泪雨洗乾坤。
兰成亦有关河感，愁看江南老树邨。

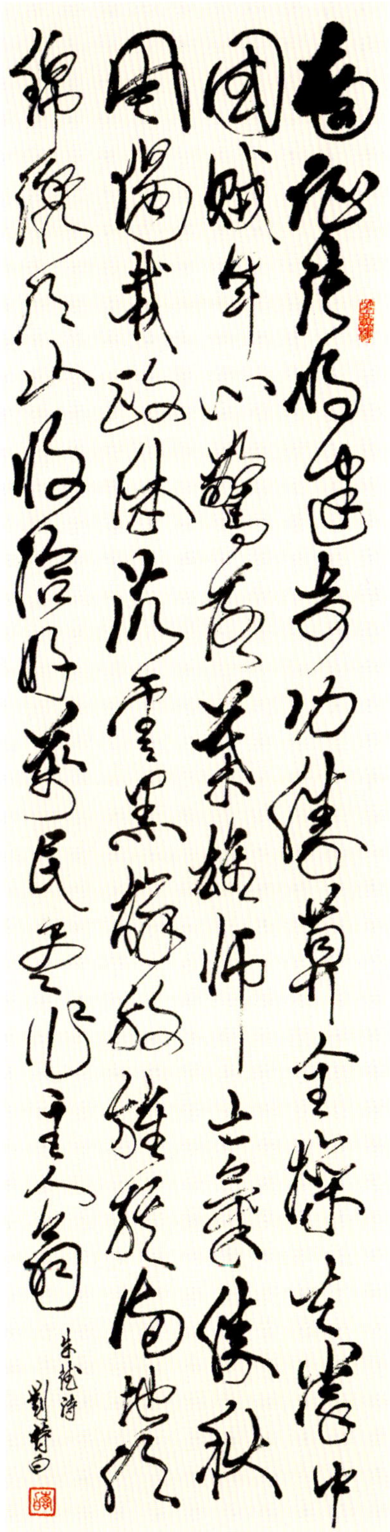

■ 朱德《寄南征诸将》

南征诸将建奇功，胜算全操在掌中。
国贼军心惊落叶，雄师士气胜秋风。
独裁政体沉云黑，解放旌旗满地红。
锦绣河山收拾好，万民尽作主人翁。

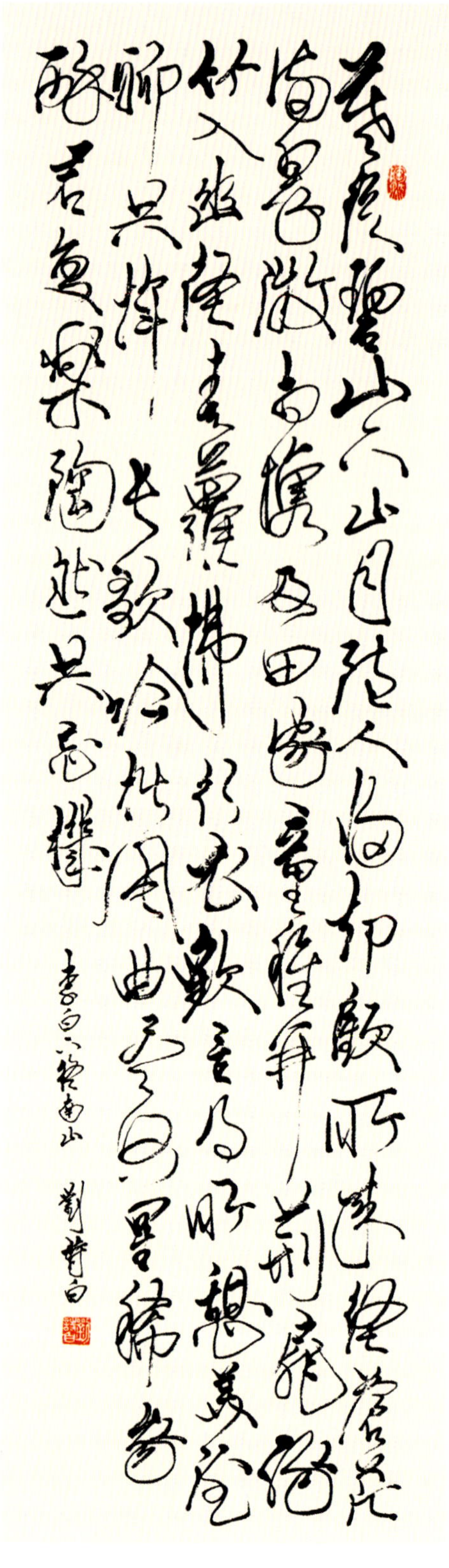

■ 李白《下终南山过斛斯山人宿》

暮从碧山下，山月随人归。却顾所来径，苍苍横翠微。相携及田家，童稚开荆扉。绿竹入幽径，青萝拂行衣。欢言得所憩，美酒聊共挥。长歌吟松风，曲尽河星稀。我醉君复乐，陶然共忘机。

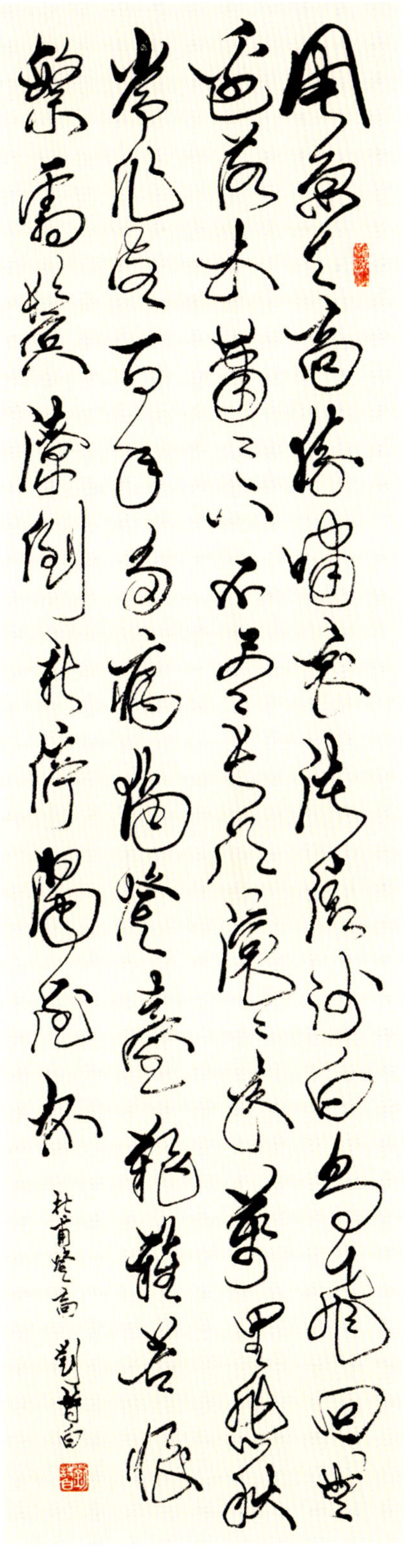

■ 杜甫《登高》

风急天高猿啸哀，渚清沙白鸟飞回。
无边落木萧萧下，不尽长江滚滚来。
万里悲秋常作客，百年多病独登台。
艰难苦恨繁霜鬓，潦倒新停浊酒杯。

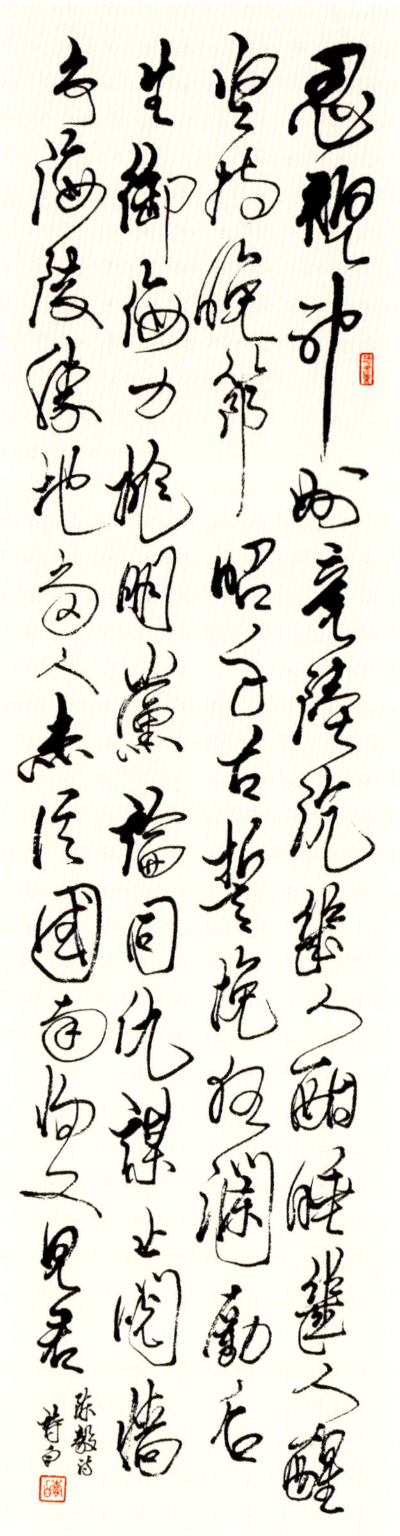

■ 陈毅《闻韩紫翁陷敌不屈而死诗以赞之》

忍视神州竟陆沉，几人酣醉几人醒。
坚持晚节昭千古，誓挽狂澜励后生。
御侮力排朋党论，同仇谋止阋墙争。
海陵胜地多人杰，信国南归又见君。

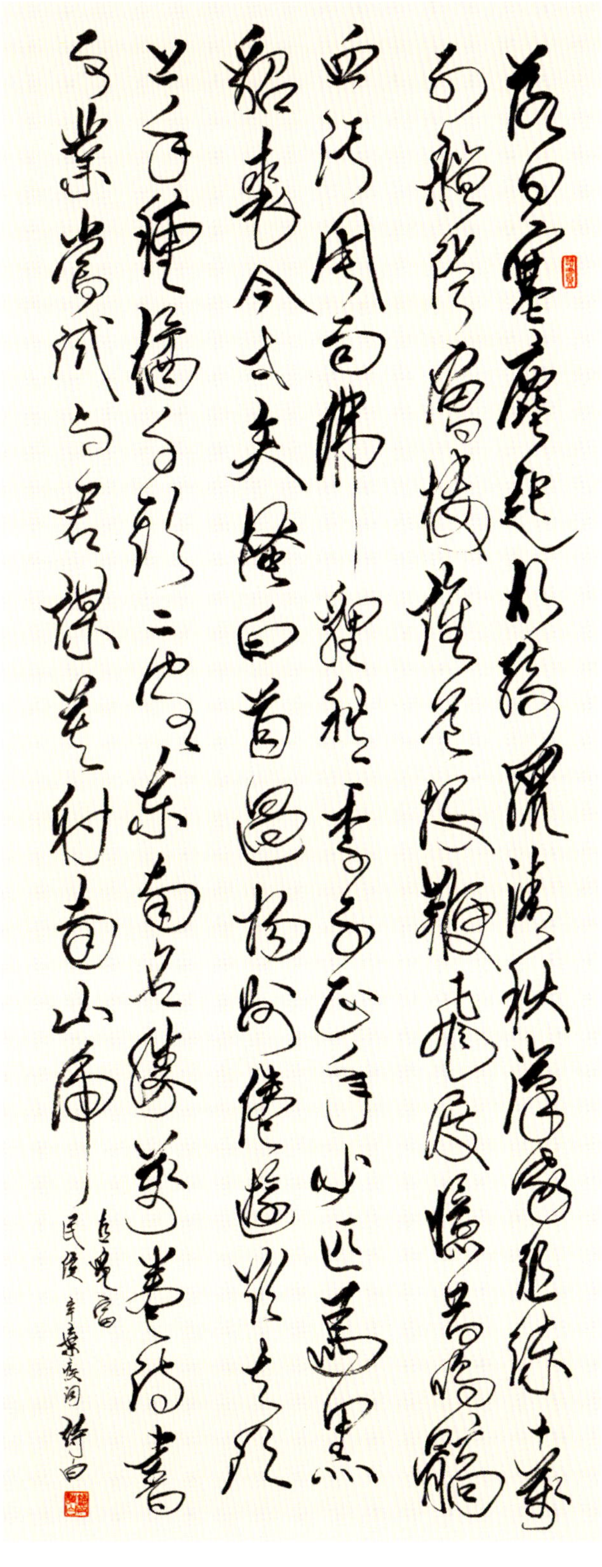

■ 辛弃疾《水调歌头·舟次扬州和人韵》

落日塞尘起，胡骑猎清秋。汉家组练十万，列监耸层楼。谁道投鞭飞渡，忆昔鸣髇血污，风雨佛狸愁。季子正年少，匹马黑貂裘。　今老矣，搔白首，过扬州。倦游欲去江上，手种橘千头。二客东南名胜，万卷诗书事业，尝试与君谋。莫射南山虎，直觅富民侯。

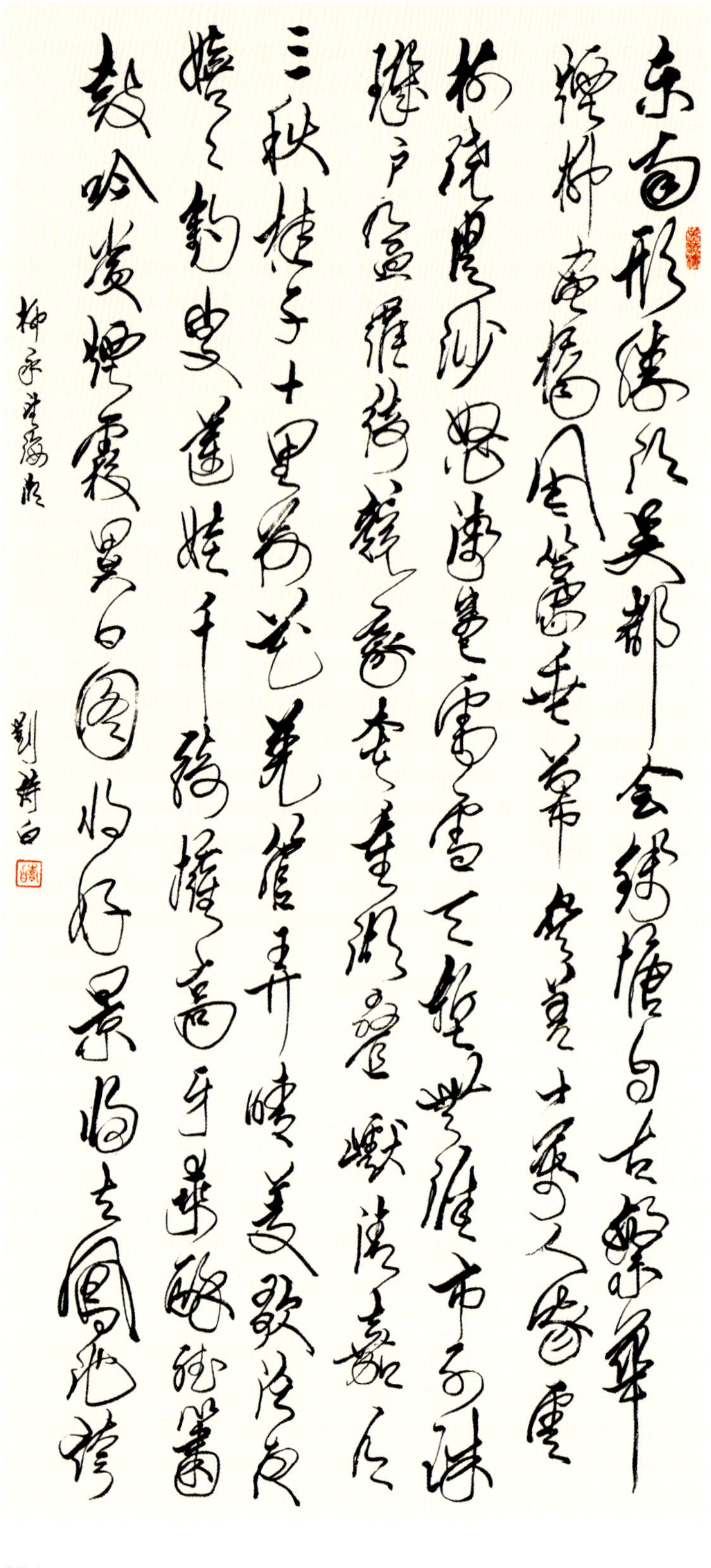

■ 柳永《望海潮》

东南形胜，三吴都会，钱塘自古繁华。烟柳画桥，风帘翠幕，参差十万人家。云树绕堤沙，怒涛卷霜雪，天堑无涯。市列珠玑，户盈罗绮，竞豪奢。

重湖叠巘清嘉。有三秋桂子，十里荷花。羌管弄晴，菱歌泛夜，嬉嬉钓叟莲娃。千骑拥高牙。乘醉听箫鼓，吟赏烟霞。异日图将好景，归去凤池夸。

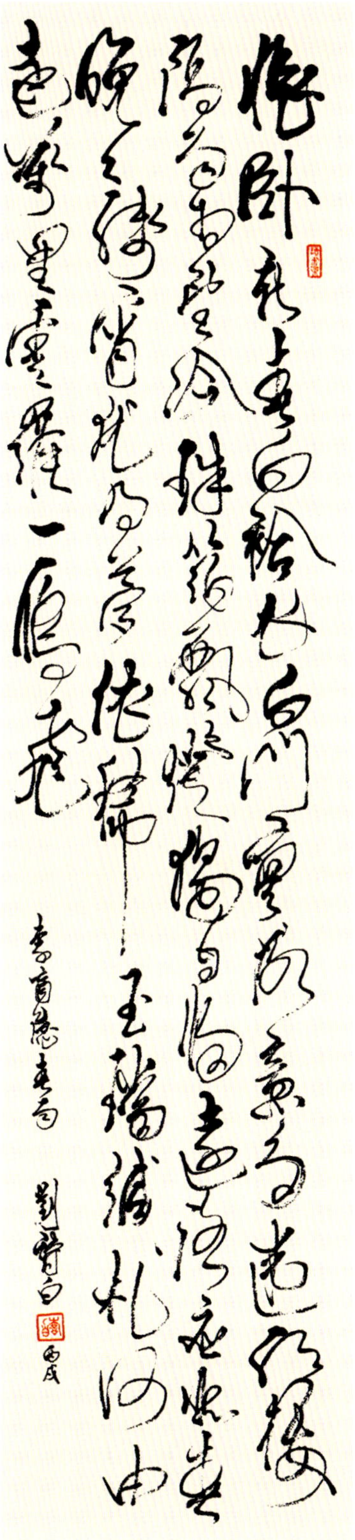

■ 李商隐《春雨》

帐卧新春白袷衣，白门寥落意多违。
红楼隔雨相望冷，珠箔飘灯独自归。
远路应悲春晼晚，残宵犹得梦依稀。
玉珰缄札何由达，万里云罗一雁飞。

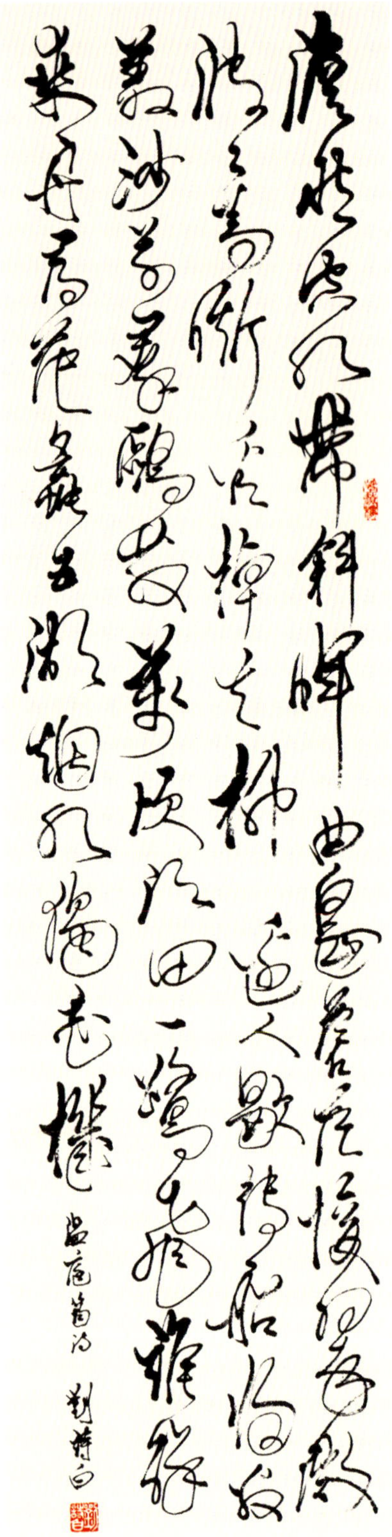

温庭筠《利州南渡》

澹然空水带斜晖，曲岛苍茫接翠微。
波上马嘶看棹去，柳边人歇待船归。
数丛沙草群鸥散，万顷江田一鹭飞。
谁解乘舟寻范蠡，五湖烟水独忘机。

祖咏《望蓟门》

燕台一去客心惊，笳鼓喧喧汉将营。
万里寒光生积雪，三边曙色动危旌。
沙场烽火侵胡月，海畔云山拥蓟城。
少小虽非投笔吏，论功还欲请长缨。

達士似不爾，咄咄俗中愚，且當從黃綺。青松在東園，衆草沒其姿。凝霜殄異類，卓然見高枝。連林人不覺，獨樹衆乃奇。提壺挂寒柯，遠望時復爲。吾生夢幻間，何事紲塵羈。

陶潛五古三首

劉詩白

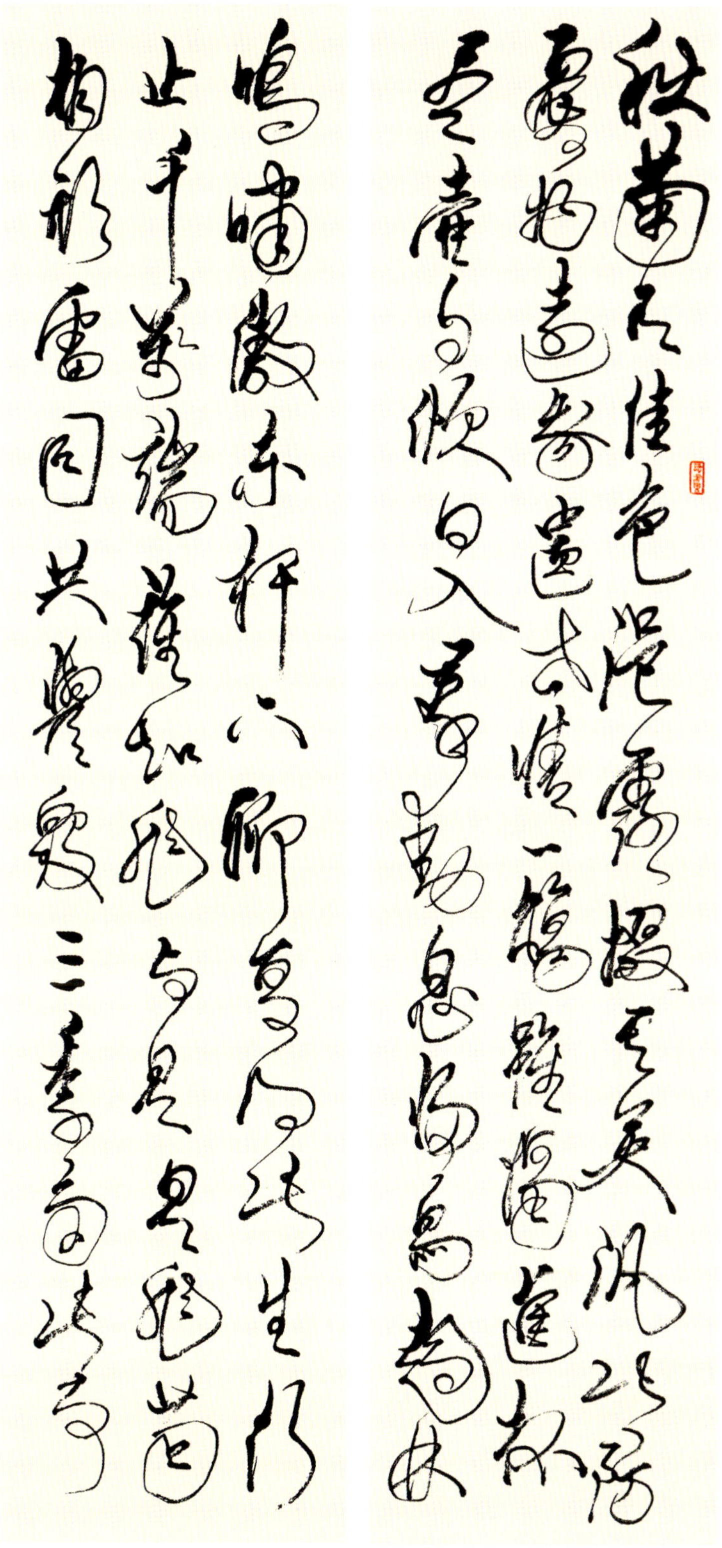

陶渊明《古诗五言三首》

秋菊有佳色，浥露掇其英。泛此忘忧物，远我遗世情。一觞虽独进，杯尽壶自倾。日入群动息，归鸟趋林鸣。啸傲东轩下，聊复得此生。

行止千万端，谁知非与是。是非苟相形，雷同共誉毁。三季多此事，达士似不尔。咄咄俗中愚，且当从黄绮。

青松在东园，众草没其姿。凝霜殄异类，卓然见高枝。连林人不觉，独树众乃奇。提壶抚寒柯，远望时复为。吾生梦幻间，何事绁尘羁。

■ 李白《登金陵凤凰台》

凤凰台上凤凰游，凤去台空江自流。
吴宫花草埋幽径，晋代衣冠成古丘。
三山半落青天外，二水中分白鹭洲。
总为浮云能蔽日，长安不见使人愁。

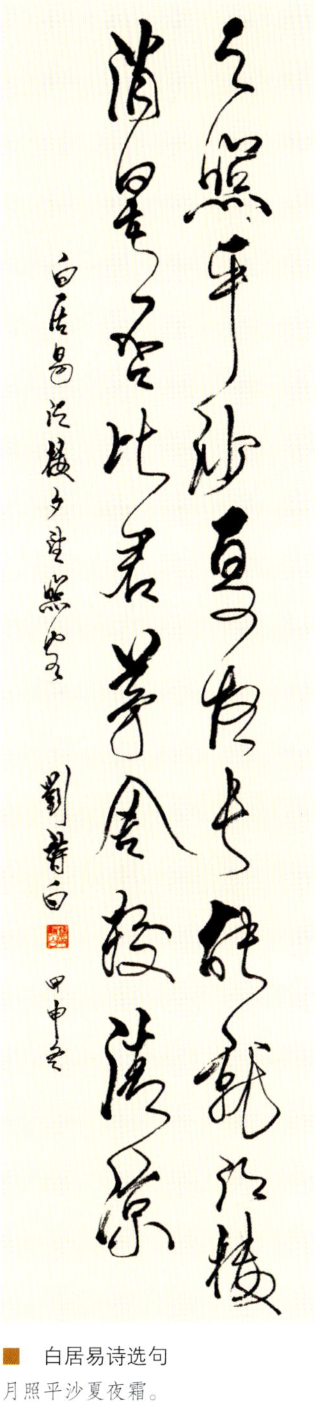

■ 白居易诗选句

月照平沙夏夜霜。
能就江楼消暑否？
比君茅舍较清凉。

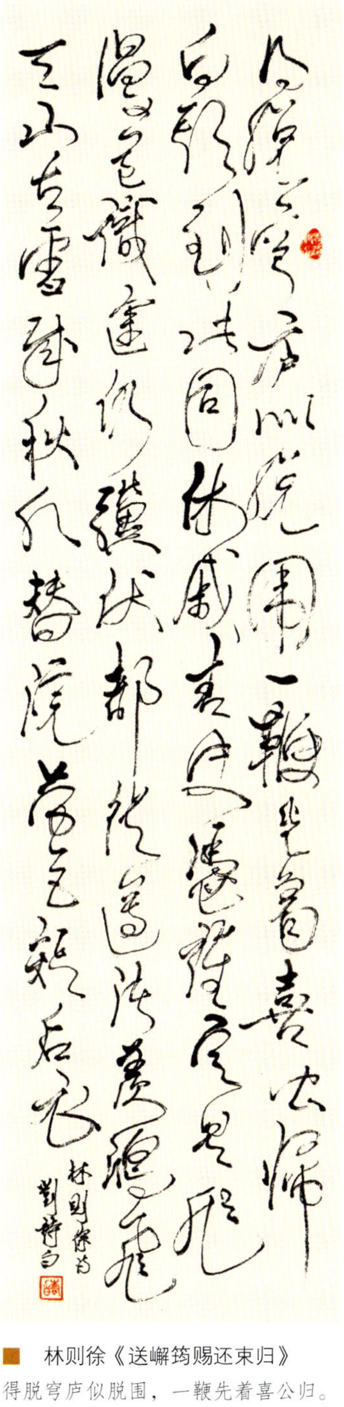

■ 林则徐《送嶰筠赐还东归》

得脱穹庐似脱围，一鞭先着喜公归。
白头到此同休戚，青史凭谁定是非？
漫道识途仍骥伏，都从遵渚羡鸿飞。
天山古雪成秋水，替浣劳臣短后衣。

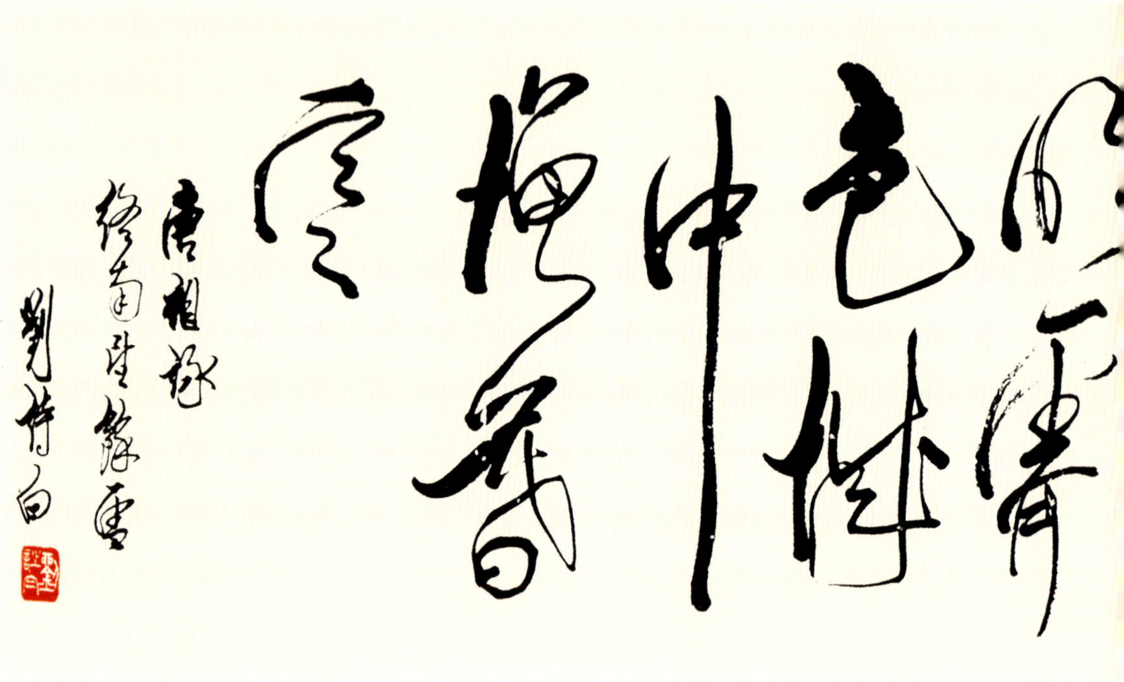

■ 祖咏《终南望余雪》

终南阴岭秀，积雪浮云端。
林表明霁色，城中增暮寒。

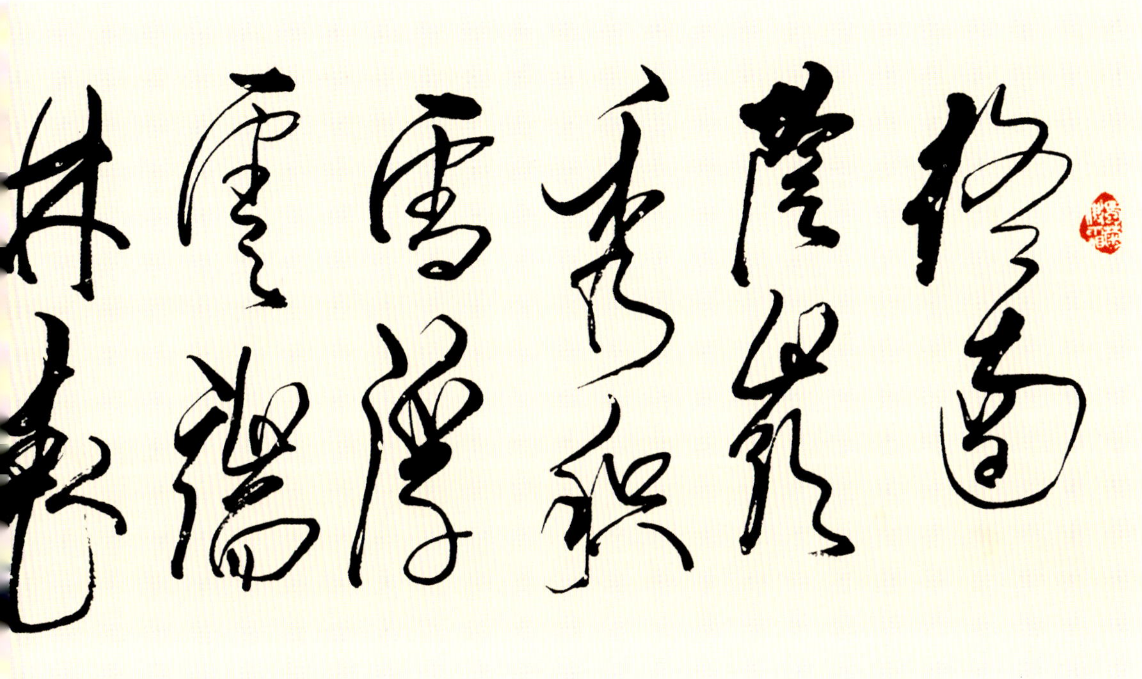

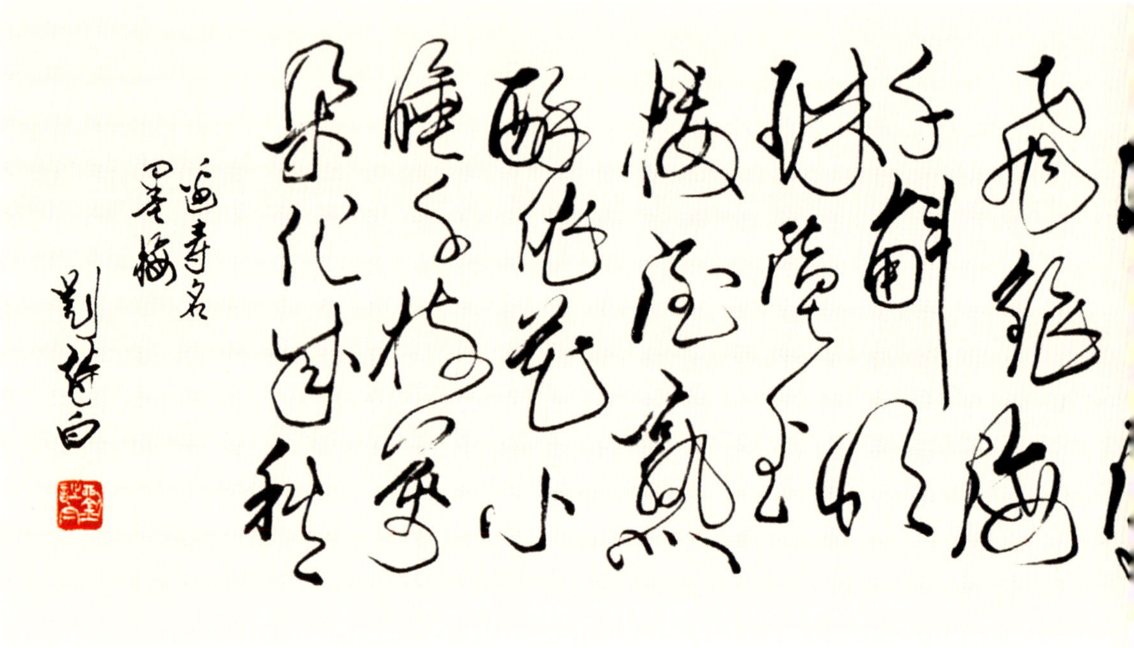

■ 边寿民《墨梅》

妙香零落古扬州，楚客招魂忆旧游。好月不来还寂寞，先生相对亦风流。

一双白鹭飞银海，千斛明珠堕玉楼。酒熟醉依花小睡，千枝万朵化成愁。

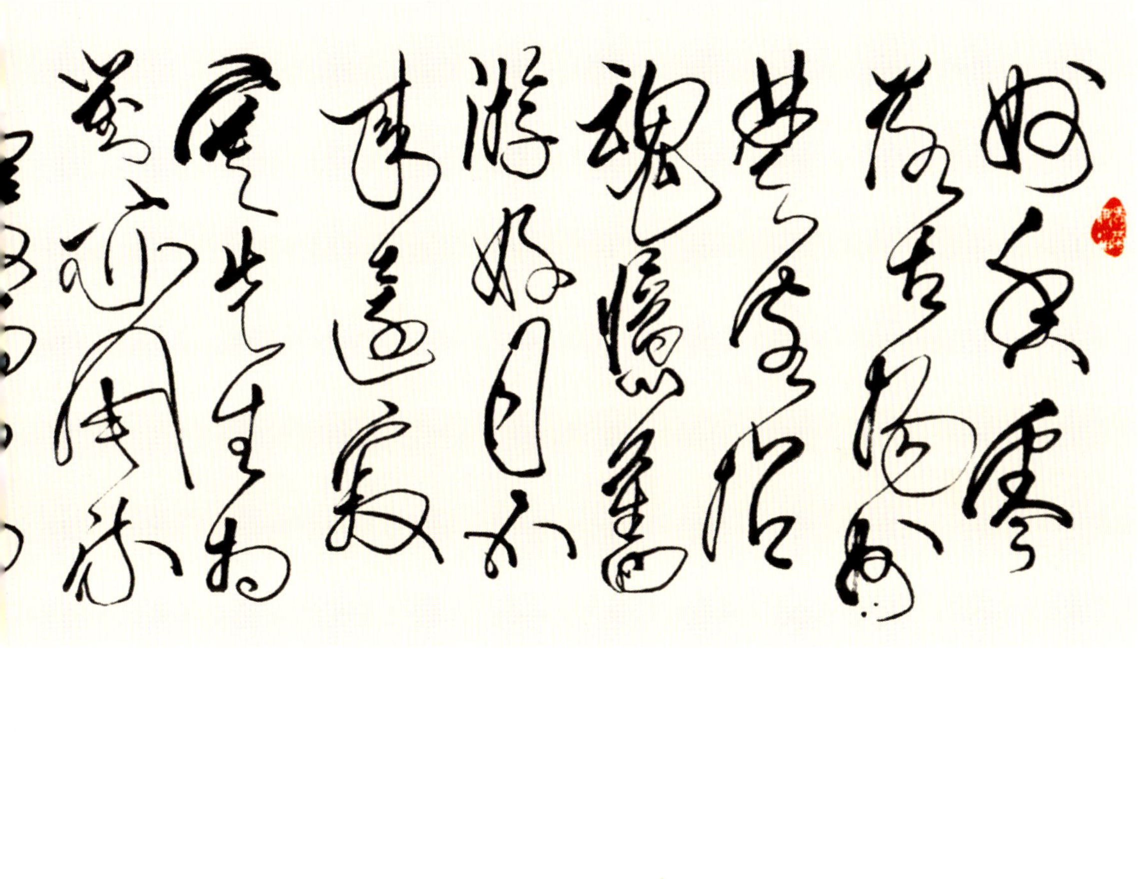

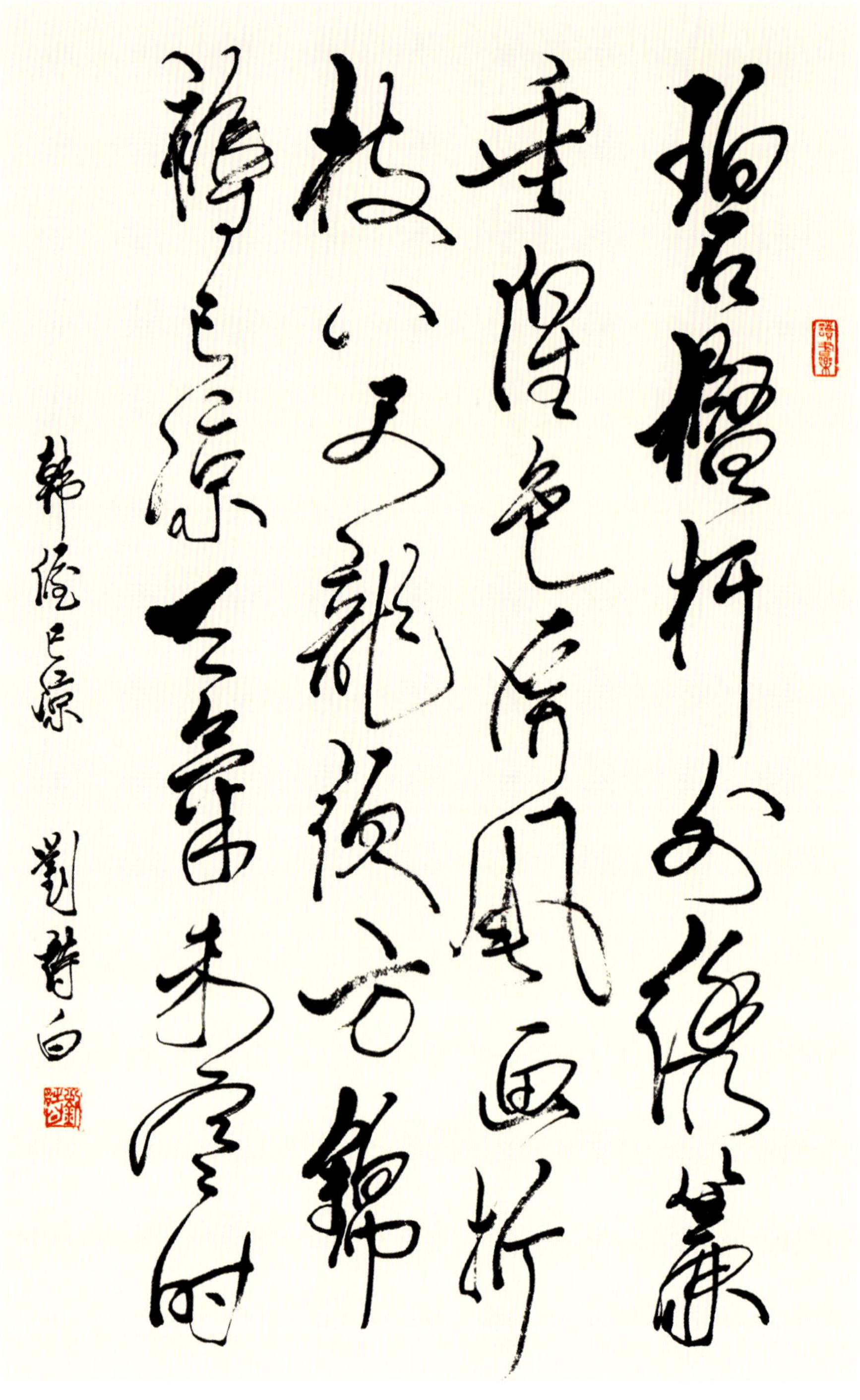

韩偓《已凉》

碧栏杆外绣帘垂，猩色屏风画折枝。八尺龙须方锦褥，已凉天气未寒时。

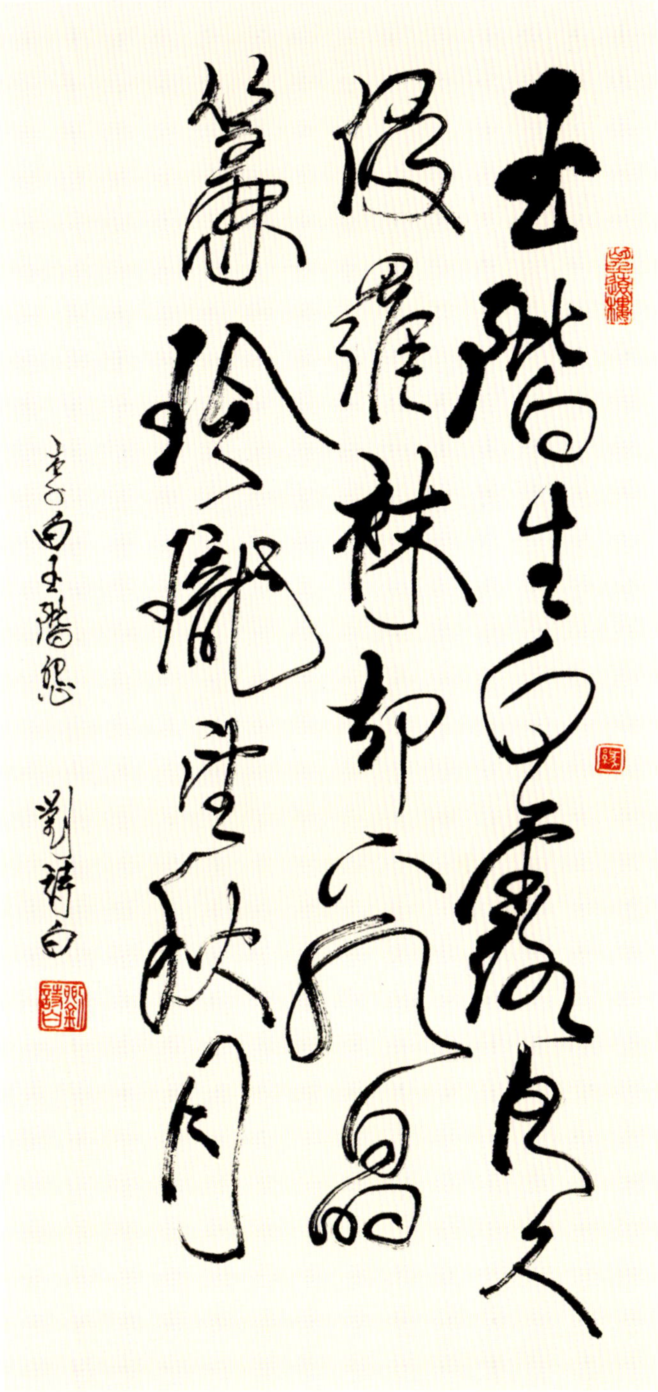

李白《玉阶怨》

玉阶生白露，夜久侵罗袜。
却下水晶帘，玲珑望秋月。

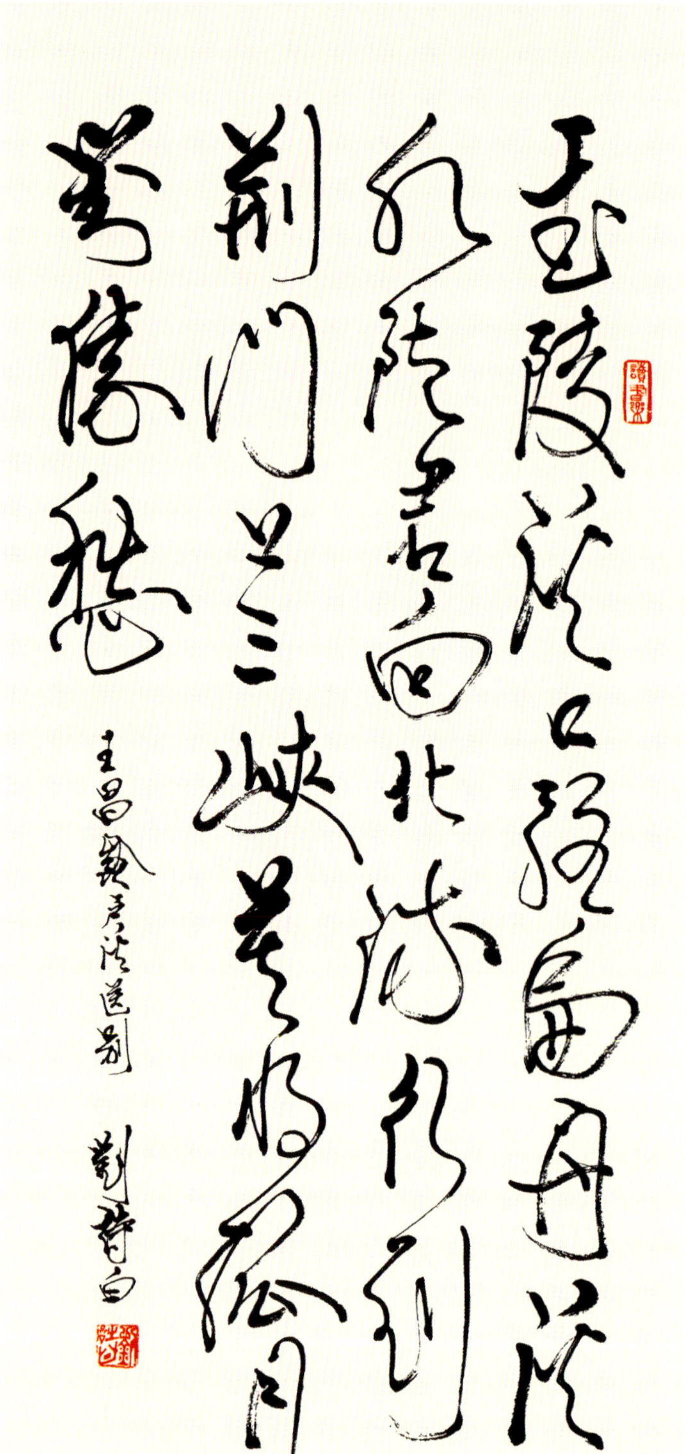

■ 王昌龄《卢溪别人》

武陵溪口驻扁舟，溪水随君向北流。
行到荆门上三峡，莫将孤月对猿愁。

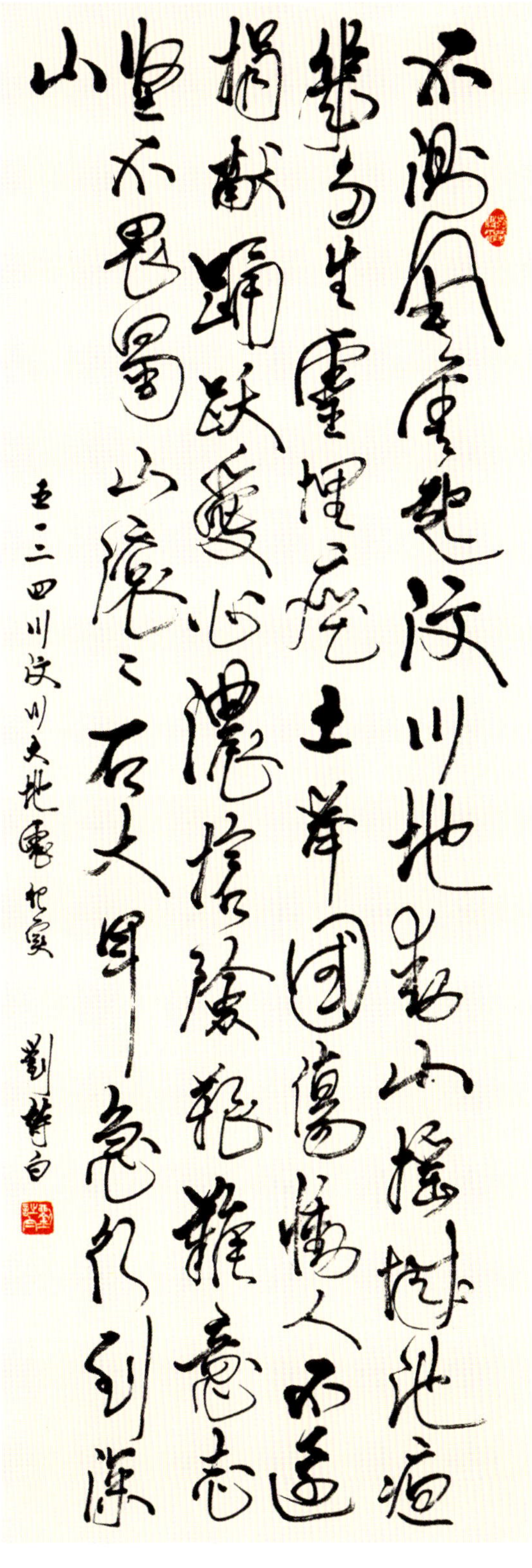

自作诗《“五·一二”四川汶川特大地震纪实》

不测风云起汶川，地动山摇城池疸。
几多生灵埋尘土，举国伤恸人不还。
捐献踊跃爱心浓，抢险艰难意志坚。
不畏蜀山滚滚石，大军急行到深山。

■ 国　殇（2008年5月19日为汶川特大地震作）

■ 家园重建　蜀西春还（作于2012年春）

和谐社会万家乐，科学发展遍地花

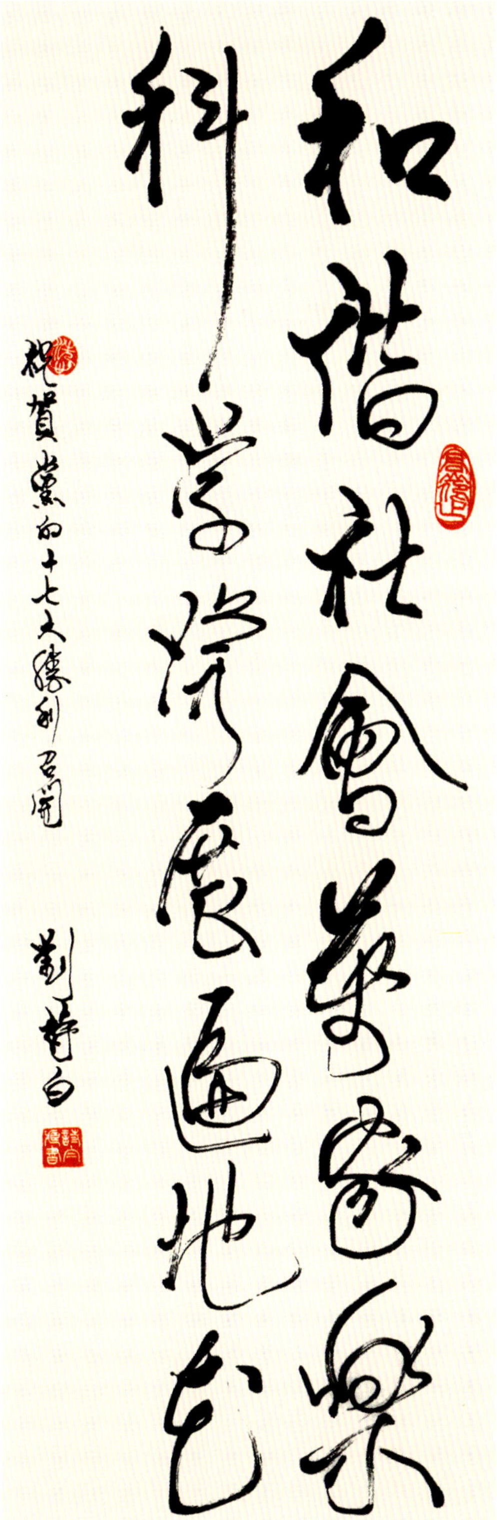
和諧社會萬家樂
科學發展遍地花
祝賀黨的十七大勝利召開
劉靜白

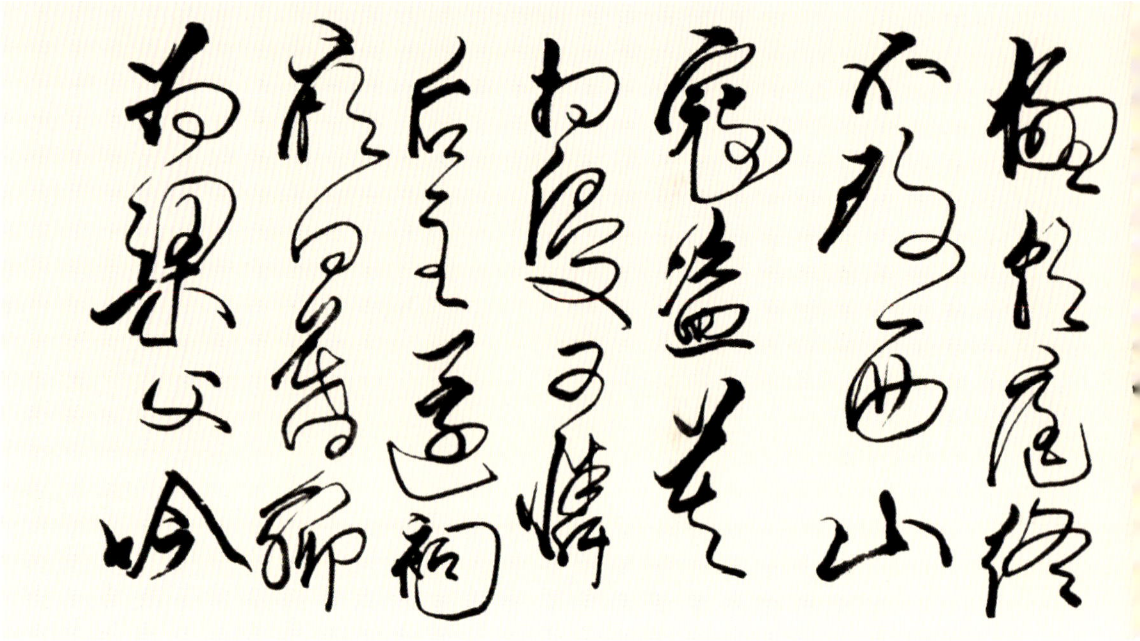

■ 杜甫《登楼》

花近高楼伤客心，万方多难此登临。锦江春色来天地，玉垒浮云变古今。

北极朝廷终不改，西山寇盗莫相侵。可怜后主还祠庙，日暮聊为《梁父吟》。

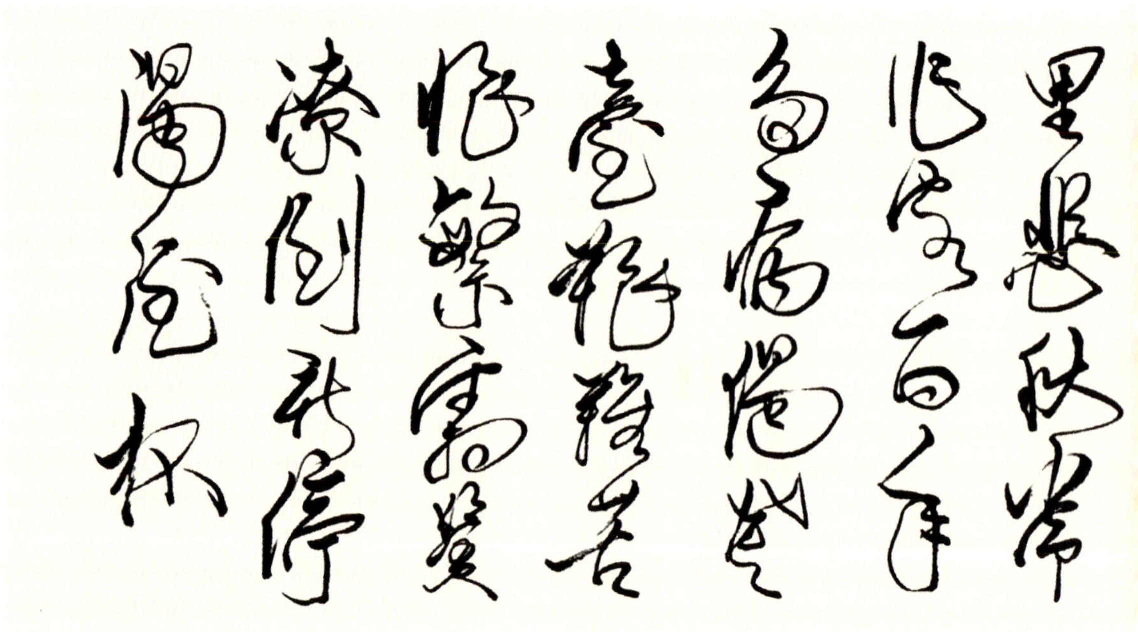

■ 杜甫《登高》

风急天高猿啸哀，渚清沙白鸟飞回。无边落木萧萧下，不尽长江滚滚来。

万里悲秋常作客，百年多病独登台。艰难苦恨繁霜鬓，潦倒新停浊酒杯。

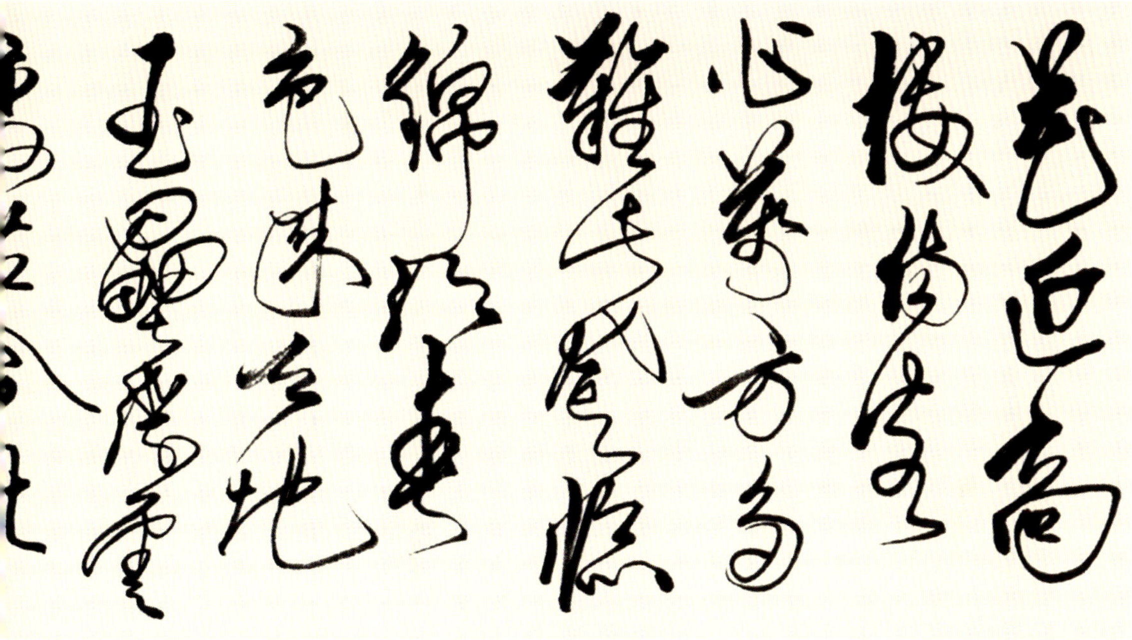

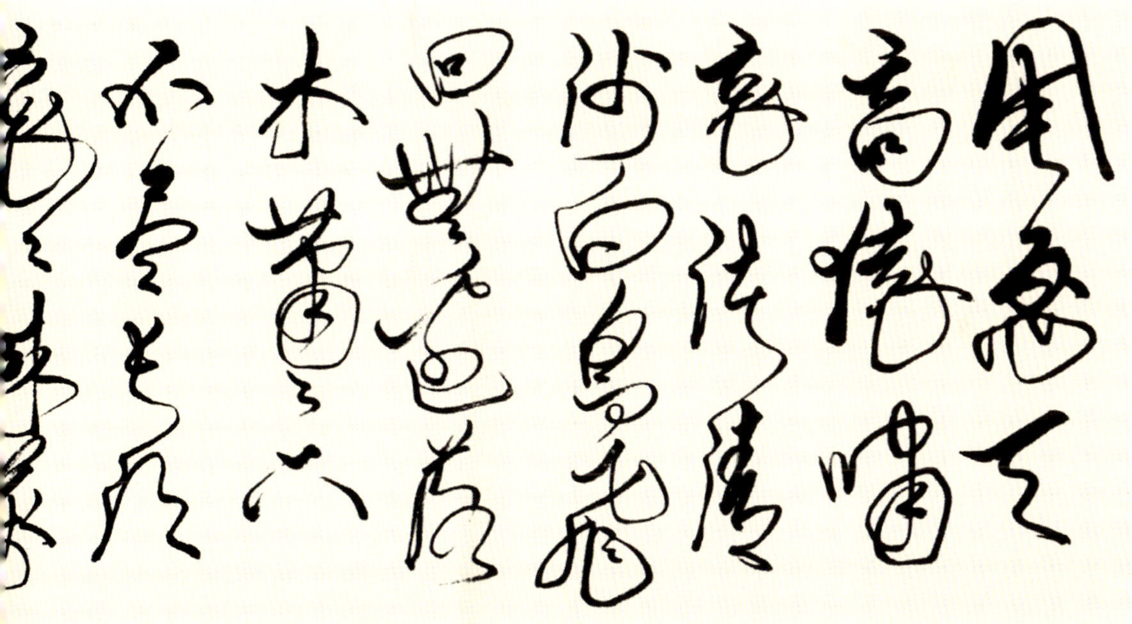

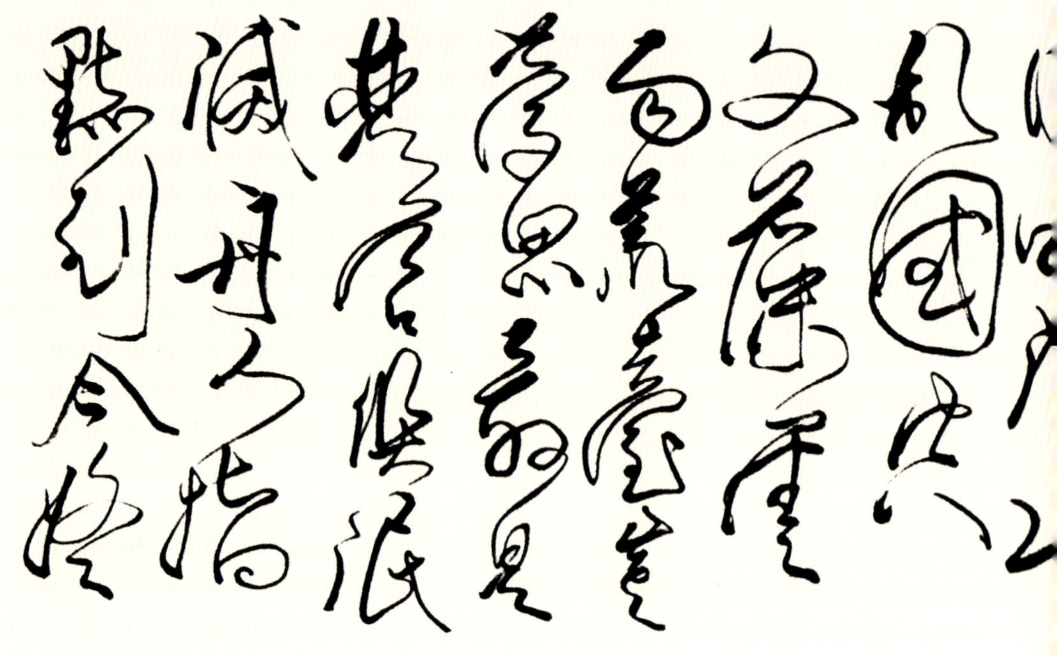

■ 杜甫《咏怀古迹五首之二》

摇落深知宋玉悲，风流儒雅亦吾师。怅望千秋一洒泪，萧条异代不同时。江山故宅空文藻，云雨荒台岂梦思。最是楚宫俱泯灭，舟人指点到今疑。

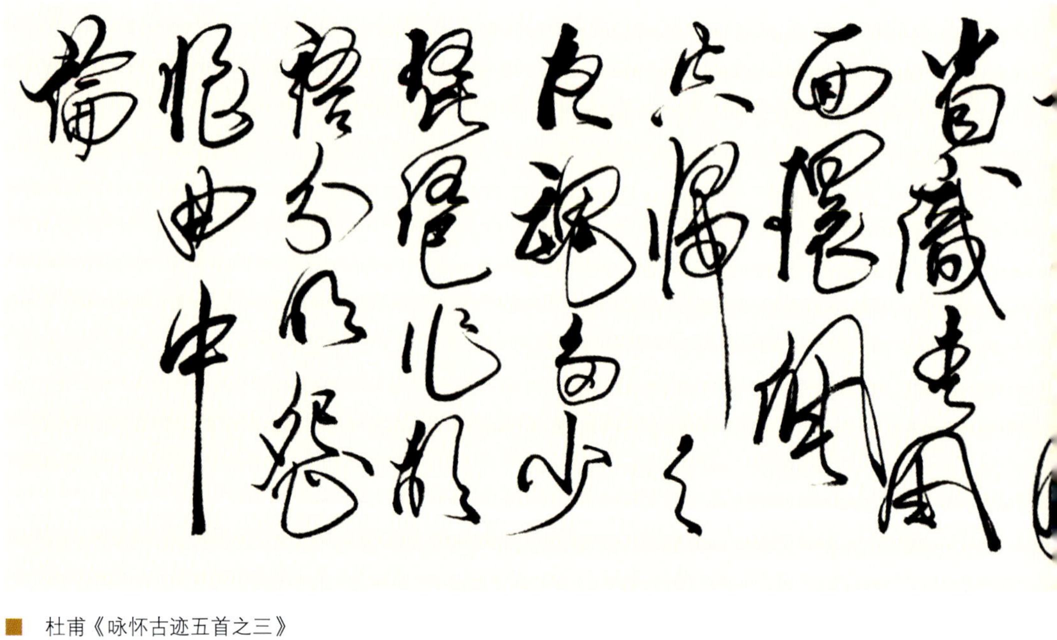

■ 杜甫《咏怀古迹五首之三》

群山万壑赴荆门，生长明妃尚有村。一去紫台连朔漠，独留青冢向黄昏。画图省识春风面，环珮空归月夜魂。千载琵琶作胡语，分明怨恨曲中论。

摇落深知宋玉悲风流儒雅亦吾师怅望千秋一洒泪萧条异代不

群山万壑赴荆门生长明妃尚有村一去紫台连朔漠独留青冢向

■ 杜甫《阁夜》

岁暮阴阳催短景，天涯霜雪霁寒宵。五更角鼓声悲壮，三峡星河影动摇。
野哭几家闻战伐，夷歌数处起渔樵。卧龙跃马终黄土，人事音书漫寂寥。

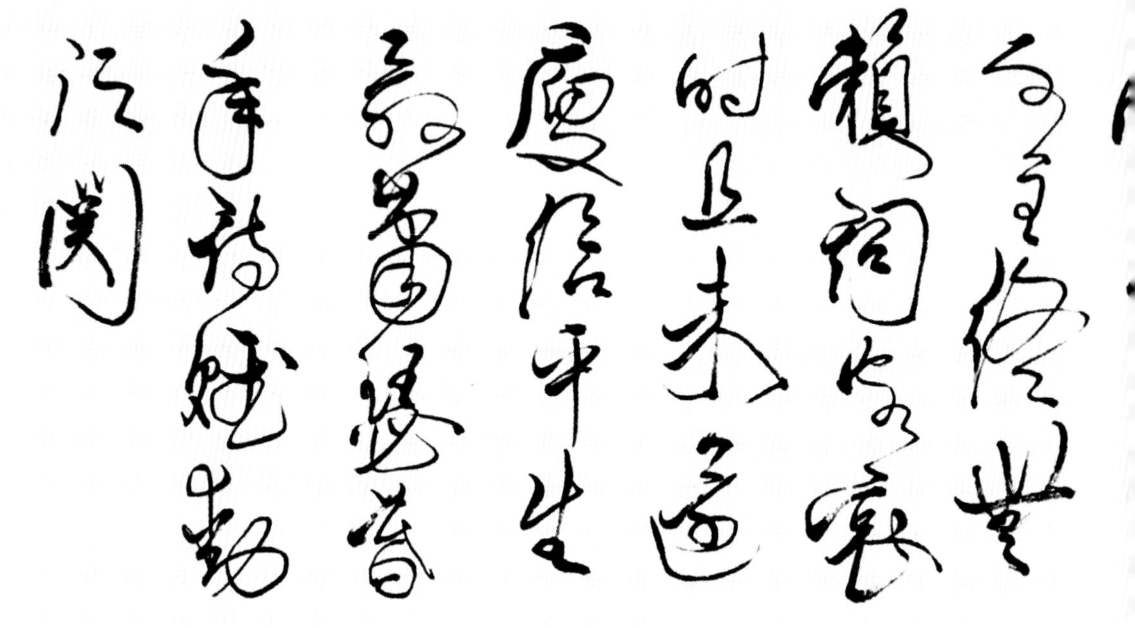

■ 杜甫《咏怀古迹五首之一》

支离东北风尘际，飘泊西南天地间。三峡楼台淹日月，五溪衣服共云山。
羯胡事主终无赖，词客哀时且未还。庾信平生最萧瑟，暮年诗赋动江关。

岁暮阴阳催短景天涯霜雪霁寒宵五更鼓角声悲壮三峡星河影

支离东北风尘际漂泊西南天地间三峡楼台淹日月五溪衣服共

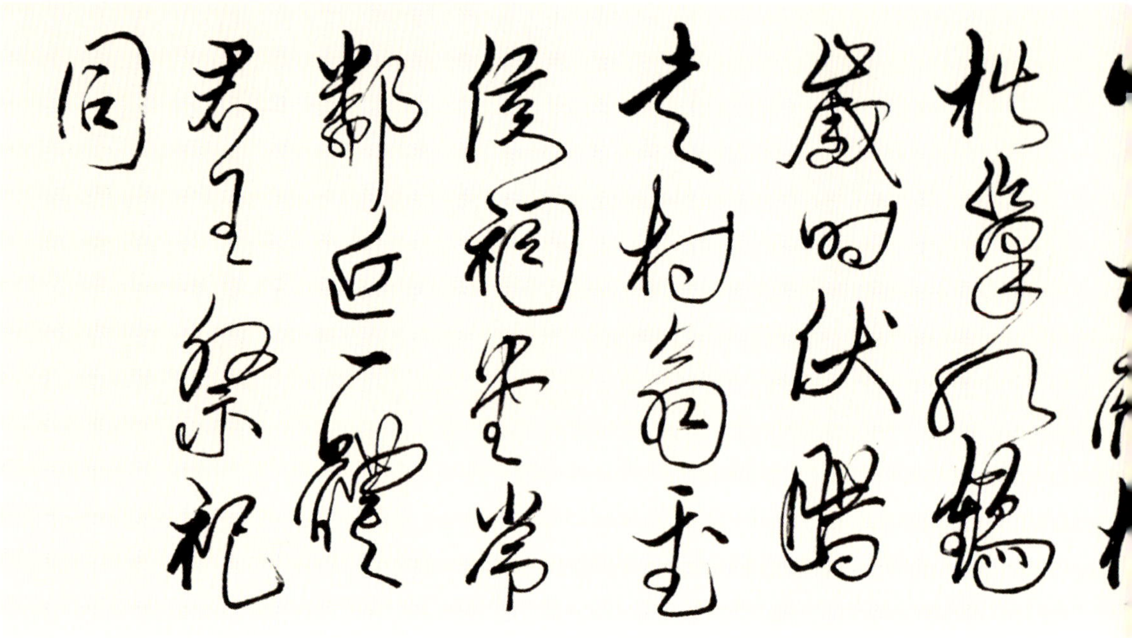

杜甫《咏怀古迹五首之四》

蜀主窥吴幸三峡，崩年亦在永安宫。翠华想象空山里，玉殿虚无野寺中。古庙杉松巢水鹤，岁时伏腊走村翁。武侯祠堂常邻近，一体君臣祭祀同。

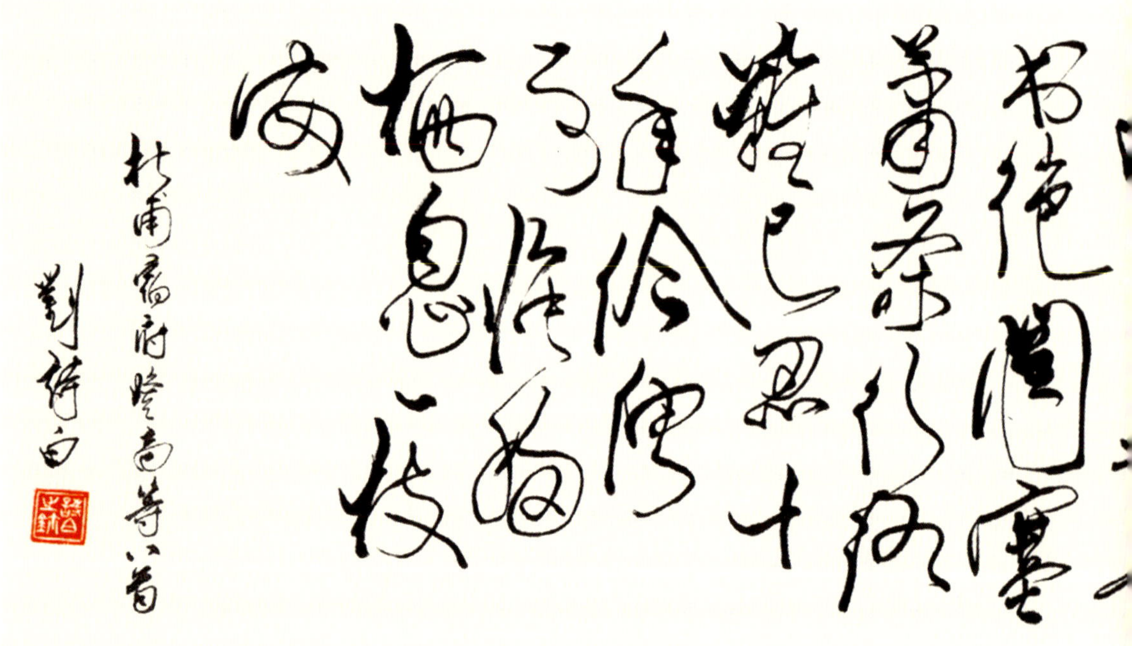

杜甫《宿府》

清秋幕府井梧寒，独宿江城蜡炬残。永夜角声悲自语，中天月色好谁看。风尘荏苒音书绝，关塞萧条行路难。已忍伶俜十年事，强移栖息一枝安。

蜀主窥吴幸三峡，崩年亦在永安宫。翠华想像空山里，玉殿虚无野寺

清秋幕府井梧寒，独宿江城蜡炬残。永夜角声悲自语，中天月色好谁看

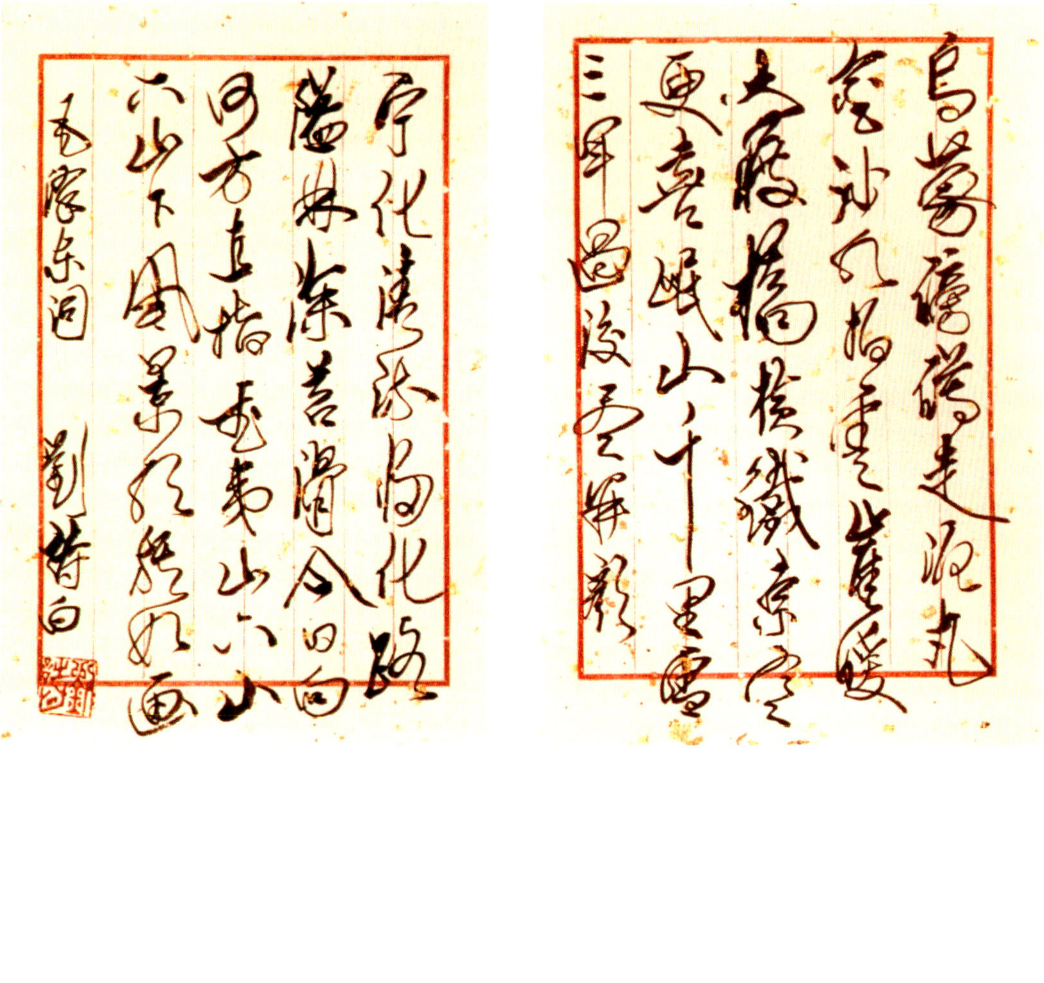

宁化清流归化路隘林深苔滑今日向何方直指武夷山下山下山下风展红旗如画

毛泽东词　刘[illegible]白

乌蒙磅礴走泥丸金沙水拍云崖暖大渡桥横铁索寒更喜岷山千里雪三军过后尽开颜

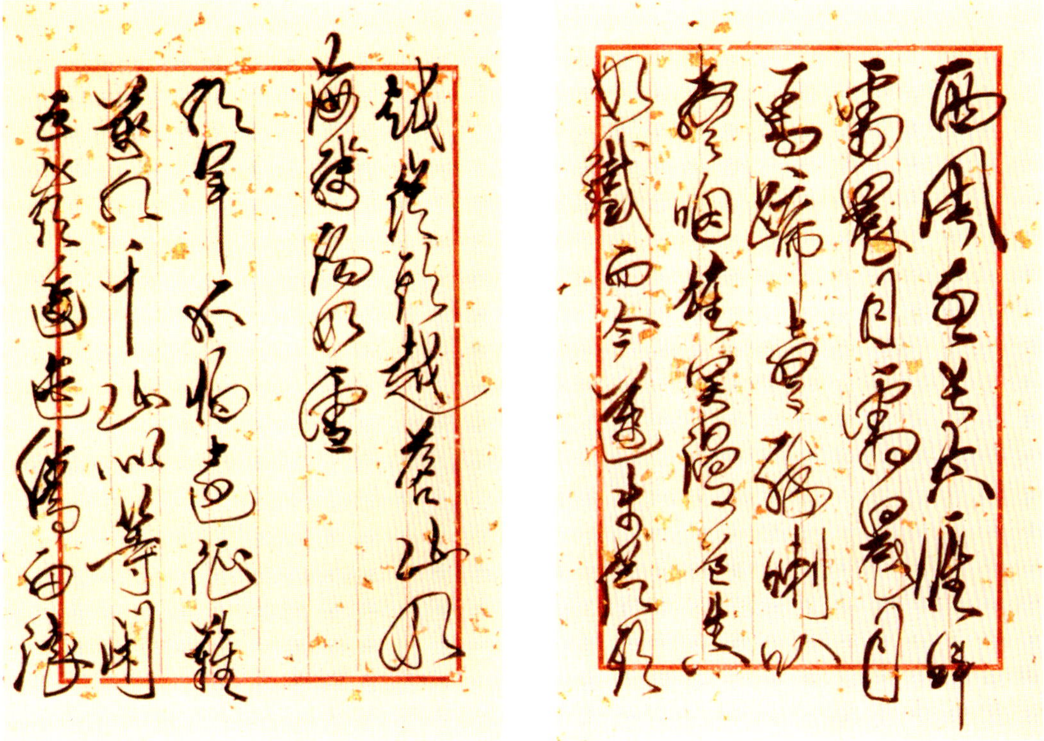

■ 毛泽东《诗词三首》

西风烈，长空雁叫霜晨月。霜晨月，马蹄声碎，喇叭声咽。雄关漫道真如铁，而今迈步从头越。从头越，苍山如海，残阳如血。

红军不怕远征难，万水千山只等闲。五岭逶迤腾细浪，乌蒙磅礴走泥丸。金沙水拍云崖暖，大渡桥横铁索寒。更喜岷山千里雪，三军过后尽开颜。

宁化、清流、归化，路隘林深苔滑。今日向何方，直指武夷山下。山下山下，风景红旗如画。

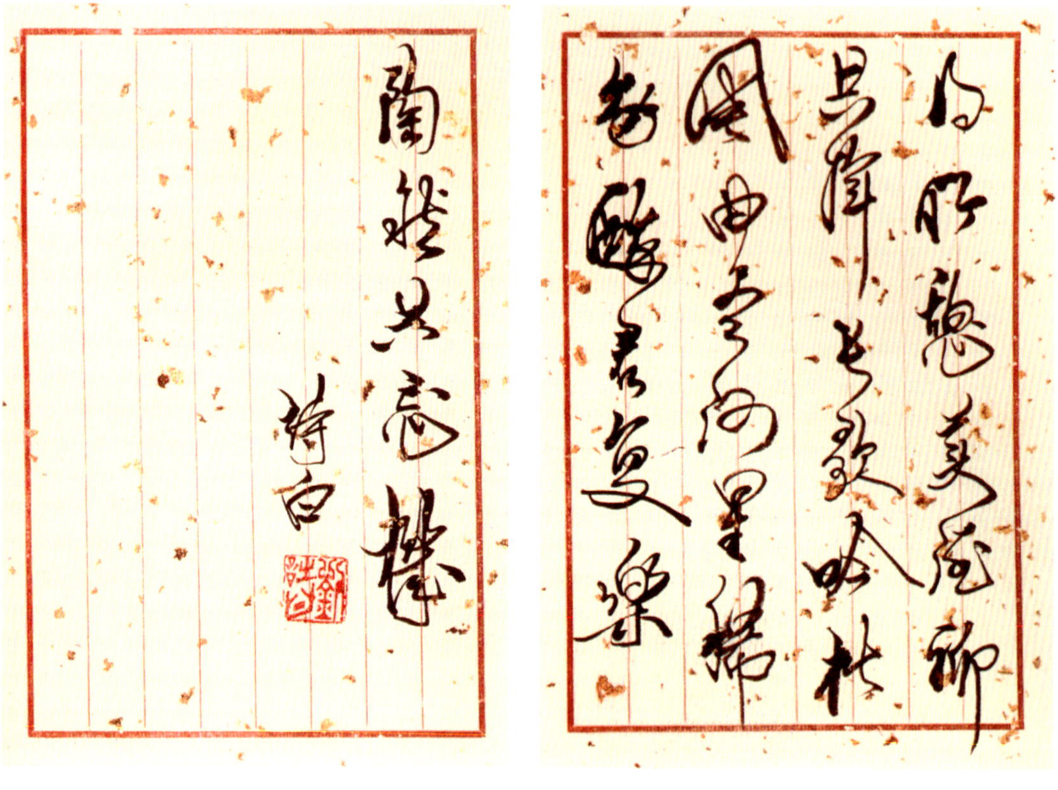

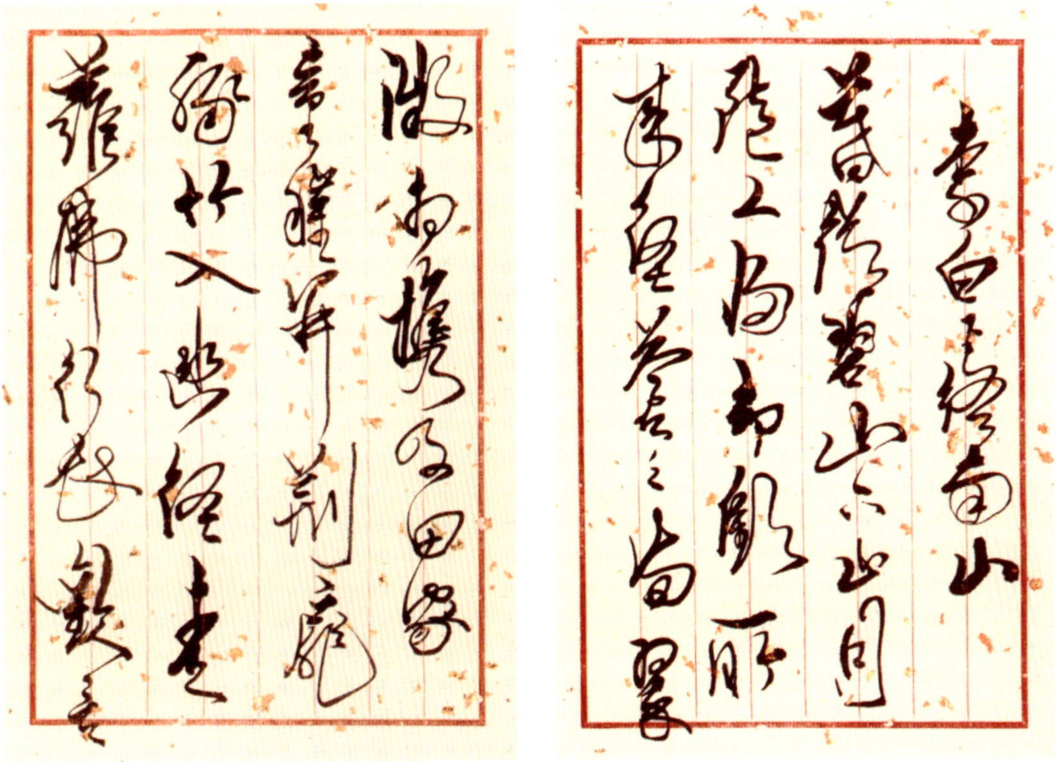

李白《下终南山过斛斯山人宿》

暮从碧山下，山月随人归。却顾所来径，苍苍横翠微。相携及田家，童稚开荆扉。绿竹入幽径，青萝拂行衣。欢言得所憩，美酒聊共挥。长歌吟松风，曲尽河星稀。我醉君复乐，陶然共忘机。

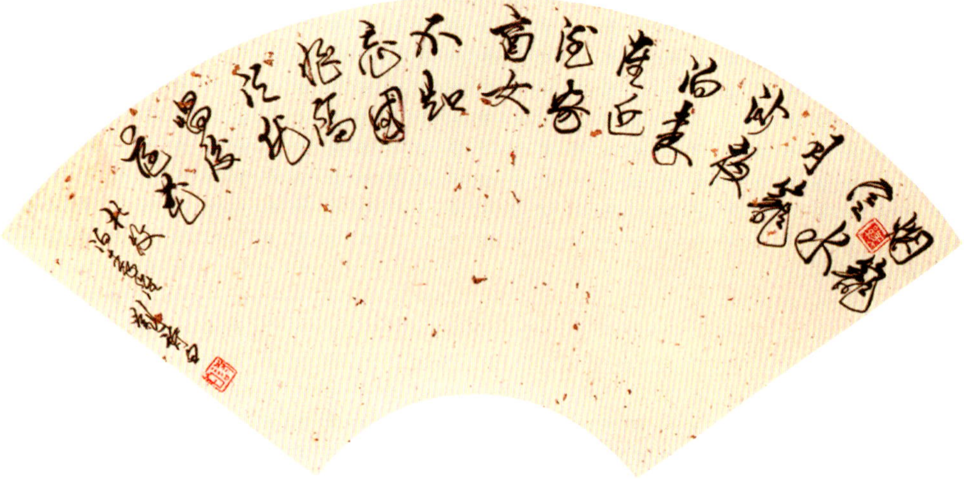

■ 杜牧《泊秦淮》

烟笼寒水月笼沙，夜泊秦淮近酒家。

商女不知亡国恨，隔江犹唱后庭花。

■ 王昌龄《春宫怨》

昨夜风开露井桃，未央前殿月轮高。

平阳歌舞新承宠，帘外春寒赐锦袍。

后　记

13卷本《刘诗白选集》的内容提供及审读工作，由西南财经大学原副校长刘灿教授、西南财经大学副校长尹庆双教授任组长，西南财经大学经济学院现任执行院长易敏利教授、前执行院长刘方健教授任副组长的编辑工作小组负责。刘方健教授负责选集稿件的收集整理、编选工作，西南财经大学经济学院现任副院长、马克思主义经济学研究院院长盖凯程教授做后勤保障工作。西南财经大学刘方健教授、方英仁编审、蒋少龙编审、王雪苓副教授，成都市委党校邵昱教授，分别承担了经济学各卷的终审终校。西南财经大学伍韧教授、曾荻教授、刘芳教授、谷飙教授，四川大学胡良贵教授参与了哲学卷的讨论、修订工作。西南财经大学李天行教授审读了书法卷中的诗词。

四川人民出版社负责《刘诗白选集》的编辑出版工作，由黄立新社长、副总编周颖挂帅，何朝霞、吴焕姣、张东升负责组织联络，何朝霞、吴焕姣、王茴、徐英、周晓琴、唐海涛、张立园、张东升、薛玉茹、杨雨霏、蒋科兰等同志分别承担了各卷的责任编辑工作。

《刘诗白选集》的编辑工作还得到了西南财经大学图书馆聂富强馆长、缪明杨副馆长、李杰馆员，西南财经大学档案馆金元平馆长、陈奇志副研究馆员、邓晓娇馆员，《西南财大报》总编屈晓燕、副总编王中举，西南财经大学《经济学家》杂志编辑部曾琴、谭晓梅编审的帮助。此外，在有关资料收集中，国家图书馆陈力副馆长、四川大学图书馆研究馆员姜晓、四川省图书馆副馆长王嘉陵、西南财大北京校友董源等同志给予了大力支持，考拉看看工作室的张小军、马玥协助编者参与了刘诗白先生学术档案、未刊手稿的整理编辑工作。西南财经大学马克思主义经济学研究院的博士研究生徐志向、刘明辉、周永昇、边云彤等同学参与《刘诗白选集》引文的核对工作。

对各方面、各位所做的工作，在此一并致谢。